Diogenes Taschenbuch 24222

de
te
be

Diogenes Bücher Album

Herausgegeben von Cornelia Künne und Julia Stüssi

Diogenes

Mit Dank für die Mitarbeit an Catherine Bourquin,
Daniel Kampa, Franca Meier, Tina Nart, Martha Schoknecht
und Dominik Süess

Autorenregister und Bibliographie
am Schluss des Bandes

Umschlagzeichnung: Saul Steinberg, ohne Titel, ca. 1950–54
Tusche auf Papier
Erstmals veröffentlicht in Steinberg, *The Passport*, 1954

Originalausgabe

Diogenes Verlag AG Zürich
www.diogenes.ch
100/12/44/1
ISBN 978 3 257 24222 5

Welches Buch als Nächstes lesen? Für den Leser aus Leidenschaft gibt es nichts Spannenderes als diese Frage. Ein schweifender Blick durch das Regal, die langsame Annäherung, und schließlich der entschiedene Griff nach dem Buch, mit dem man die nächsten Tage (und vielleicht Nächte) verbringt, all das hat für ihn den Reiz (aber auch das Risiko), den jede neue Bekanntschaft mit sich bringt. Beim Herumschmökern in der Buchhandlung, beim Blättern oder dem Lesen der ersten Zeilen: Die Angst vor der Enttäuschung schwingt immer mit (wie frustrierend, wenn man das Buch nach einigen Seiten weglegen muss), aber auch die Verheißung, dass die Lektüre einen dermaßen packt, dass man die Welt um sich herum vergisst, das Buch einem zum Freund wird oder gar zum Lebensgefährten: »Ist es nicht eine Freude, ein neues Buch zu finden, und zu wissen, dass es uns das ganze Leben begleiten wird?«, schwärmte Katherine Mansfield. »Jede Art zu schreiben ist erlaubt, nur die langweilige nicht« (Voltaire) und »Erzählen ist das einzige Spiel, das zu spielen sich lohnt« (Federico Fellini) sind die Devisen des Diogenes Verlags, der vor allem zeitgenössische deutschsprachige und internationale Literatur und Klassiker verlegt, aber auch Bücher, die man bei einem ›Belletristen‹ weniger vermutet: biographische, philosophische, satirische, zeichnerische und nicht zu vergessen: Kinderbücher. Ein berühmter Ausspruch von Jorge Luis Borges lautet: »Das Paradies habe ich mir immer als eine Art Bibliothek vorgestellt.« Welche Bücher die Bibliothek zum Paradies machen, muss jeder für sich entscheiden. Dieses *Diogenes Bücher Album* mit 250 Büchern aus 60 Verlagsjahren gibt nur einige Anregungen.

Die Herausgeberinnen

Die Bücher

»Im Anfang war das Wort, und das Wort war bei Gott, und das Wort war Gott. Dieses war im Anfang bei Gott. Alles ward durch dasselbe, und ohne dasselbe ward auch nicht eines, das geworden ist. In ihm war Leben, und das Leben war das Licht der Menschen. Und das Licht scheint in der Finsternis, und die Finsternis hat es nicht erfasst.« Ist ein besserer Beginn vorstellbar für dieses Bücheralbum, das davon erzählt, wie Worte Leben erschaffen? Und wo sonst könnten diese elementaren Sätze stehen als im Buch der Bücher? Von Geschichtsschreibung, Mythen, Biographien und Briefen bis zu Gesetzestexten und Gedichten reichen die in der Bibel versammelten Texte. Die Elberfelder Übersetzung ist Grundlage der ausdrucksvollen Lesung von Sven Görtz, der in einem über hundert Stunden dauernden Hörereignis die Heilige Schrift zum Leben erweckt.

»Sage mir, Muse, die Taten des vielgewanderten Mannes / Welcher so weit geirrt, nach der heiligen Troja Zerstörung, / Vieler Menschen Städte gesehen und Sitte gelernt hat, / Und auf dem Meere so viel unnennbare Leiden erduldet, / Seine Seele zu retten und seiner Freunde Zukunft.« Mit dieser Aufforderung Homers an seine Muse beginnt die Geschichte des Odysseus, und damit sein langer Heimweg nach Ithaka. Noch warten zwölf Gesänge voller Abenteuer auf den listigen Helden, und noch einmal deren zwölf, bis er endlich zu Hause angelangt und seine Gattin Penelope aus den Armen der Freier befreit haben wird. Skylla, Charybdis, Zyklopen und Sirenen sind die Namen einiger der berühmt-berüchtigten Hindernisse, die sich ihm in den Weg stellen – mit der Absicht, ihn zu fressen, zu verführen oder sein Schiff zu versenken.

Epikur war ein Vielscheiber, allein sein Hauptwerk *Über die Natur* soll 37 Bücher umfasst haben. Aber nichts davon ist direkt übermittelt. Dennoch zählt er zu den bedeutendsten Glücksphilosophen der Antike. Glück erfahre man, davon ist Epikur überzeugt, wenn man sich maßvoll und bescheiden der schönen Dinge des Lebens erfreue. Populär geworden ist sein Name als Bezeichnung einer Lebenshaltung, die Ludwig Marcuse im Vorwort dieser Ausgabe mit Aphorismen, Lehrsätzen und Briefen des ersten Epikureers so fasst: »Es kommt alles darauf an, dass du, Mensch, der du heute und hier lebst, glücklich lebst. Du bist nicht da für einen Gott und seine Kirche und nicht für einen Staat und nicht für eine Aufgabe der großmächtigen Kultur. Du bist da, um dein einziges, einmaliges Leben mit Glück zu füllen. Diese Entdeckung trägt den Namen Epikur.«

Ein kleines Buch mit großer Wirkung: Das *Tao-Te-King* von Lao Tse ist ein Plädoyer für ein einfaches Leben. Nach der Bibel dürfte es das am weitesten verbreitete und meistübersetzte Buch sein. Die Weisungen der Taoisten sind knapp gehalten, oft bildhaft-konkret und voller Skepsis gegenüber angelerntem Wissen. Für den amerikanischen Schriftsteller Henry Miller war es »das bedeutendste aller Bücher geringeren Umfangs. Für mich Beispiel höchster Weisheit, und auch in seiner gedanklichen Dichte einzigartig. Als eine Lebensphilosophie hält es den umfangreicheren Gedankensystemen, wie sie von anderen großen Gestalten in der Vergangenheit entwickelt wurden, nicht nur stand, sondern überflügelt sie meiner Meinung nach in jeder Hinsicht. Es besitzt ein Element, das es von anderen Lebensphilosophien deutlich unterscheidet – Humor.«

Mit seiner Überzeugung, dass der Menschengeist mächtiger als das Schicksal sei, ging Seneca als großer Nothelfer durch die Jahrhunderte. Der Kirchenvater Hieronymus bewunderte seine Schriften, sie trösteten den römischen Senator Boethius im Gefängnis, und Dante zitierte aus ihnen. Erasmus von Rotterdam, sonst sehr sparsam mit Lobesworten, empfahl sie all jenen, die nach einem sittlichen Leben streben, und Montaigne schrieb: »Brauch ich stärkende Gedanken gegen die Todesfurcht, so leihe ich sie mir von Seneca.« Der Stoiker Seneca stellt sich in seinen Schriften existentielle Fragen – Fragen zu Leben und Tod, zum Schicksal und zur Selbstbestimmung des Menschen, und er geht sie an in einem schnörkellosen, direkten Stil, der bis heute nichts von seiner Kraft verloren hat. Dieses Brevier enthält Auszüge aus den bedeutendsten Werken des Philosophen.

Die *Fioretti* vereinen die zentralen Dokumente eines der größten Heiligen christlicher Tradition: Unter anderem sind hier seine Gebete versammelt, wie der Sonnengesang, den er nur mündlich an seine Mitbrüder weitergegeben hat, oder die Ordensregeln für die Fratres Minores, die Minoriten (zu Deutsch auch Franziskaner oder Barfüßer). Das vielleicht deutlichste Zeugnis dessen, was der historische Franz von Assisi unmittelbar gewollt hat, geben seine ebenfalls enthaltenen Predigten und diversen Briefe wieder, die in einer herrlich klaren Sprache verfasst sind: von der Anrede aller Gläubigen bis zur Aufzeichnung für einen Bruder. Franz von Assisi wurde zum Christus-Symbol des Mittelalters, lebte tatsächlich streng nach den Worten der Evangelien, kleidete sich in eine einfache Kutte, ging barfuß und lehnte vehement den Besitz von Geld ab.

»Wer weiter nichts als Kreaturen erkennte, der brauchte an keine Predigt zu denken, denn jegliche Kreatur ist Gottes voll und ist ein Buch.« – Meister Eckehart war der einzige angesehene Theologe und Ordensmann im Mittelalter, der in einen Inquisitionsprozess verwickelt wurde. Drei Jahre vor seinem Tod wurde er der Häresie bezichtigt. Während des Prozesses hielt er an seinen theologischen Überzeugungen fest, starb jedoch noch vor dem Ende des Verfahrens. Nach seinem Tod verurteilte Papst Johannes XXII. einzelne Sätze seines Werkes als ketzerisch. »Meister Eckhart ist einer der tiefsten und universellsten Köpfe, die Deutschland hervorgebracht hat – eine eigenartige Kreuzung aus einem kristallklaren Denker, einem Dichter von unvergleichlicher Wucht, Plastik und Originalität der Bildsprache und einem religiösen Genie« (Egon Friedell).

Sieben Mädchen und drei junge Männer fliehen 1348 vor der Pest in ein Landhaus bei Florenz, wo sie sich zur Unterhaltung Geschichten erzählen. So weit Boccaccios Rahmenhandlung für das *Decamerone,* seine Sammlung von hundert Novellen, die zum stilbildenden Werk der abendländischen Literatur wird. »In diesen Geschichten wird man lustige und betrübte Liebesereignisse und andere abenteuerliche Begebenheiten kennenlernen, die in neuen und alten Zeiten sich zugetragen haben und die den Leserinnen mit den spaßhaften Dingen, die darin vorkommen, gleich viel Vergnügen wie guten Rat gewähren und sie unterrichten werden, was sie meiden und was sie erstreben sollen. Mir dünkt, solchen Geschichten könne keine üble Laune standhalten« (Boccaccio in der Vorrede). Diese Ausgabe versammelt die lustigsten, tragischsten und erotischsten Novellen.

Die *Divina Commedia* ist eine der größten Menschheitsdichtungen überhaupt. Dante hat das Werk um 1307 begonnen und, kurz vor seinem Tod, 1321 vollendet. In seinem monumentalen epischen Gedicht geht der Dichter auf eine Reise durch verschiedene Jenseitsbereiche: Er beschreibt das Leben der Seelen in den drei Reichen der Hölle, des Fegefeuers und des himmlischen Paradieses. Seine *Commedia* ist eine ›Komödie‹ im Sinn der damaligen Poetik, ein Werk, das schrecklich anfängt und glücklich endet, erfüllt mit dem ganzen Wissen seiner Zeit. Die Übersetzung von ›Philaletes‹ (so das Pseudonym von König Johann von Sachsen), der unter anderen mit Ludwig Tieck zum Kern der Dresdner Dante-Akademie gehörte, entstand in den Jahren 1828–1849 und zählt auch heute noch zu den besten Übertragungen dieses Jahrtausendbuches.

»Drum liebt, solang ihr immer mögt, / Und lauft zu Fest und Stelldichein, / das Ende wird doch immer sein, dass man euch blaue Schädel schlägt.« Spätestens Klaus Kinski hat den spätmittelalterlichen Dichter populär gemacht mit der legendär schrägen Interpretation seiner Gedichte. François Villon führte ein rechtes Lotterleben, trieb sich mit Verbrechern herum und saß mehmals im Gefängnis. In seinem lyrischen Werk spiegelt sich all das wider: Dirnen, Gauner, Zuhälter, Bummelstudenten sind seine Freunde – ehrbare Leute nur Objekte seines Spottes, Polizei- und Gerichtspersonen seine Feinde. Der Ton ist nicht der des Minnesangs, vielmehr derb, urwüchsig und naiv, lebhaft und bestimmt. Diese Ausgabe enthält *Das kleine Testament, Die Balladen, Das große Testament* in der gepriesenen Übertragung von K.L. Ammer.

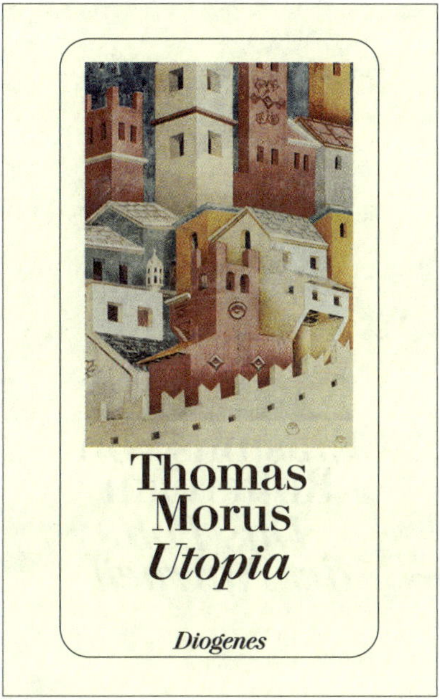

Mit seiner Erzählung von der Insel Utopia begründete Thomas Morus 1516 die Gattung der Sozialutopie: visionäre Gesellschaftskritik in literarischem Gewand. Die lebensnahe Schilderung von Utopia, einem Phantasieort (genauer: einem Nicht-Ort), macht das Buch noch heute zum Lesevergnügen. Die staatsphilosophische Schrift *Utopia* ist Morus' Hauptwerk. Er schildert seine Vorstellung einer »idealen« Gesellschaft. Die Inselrepublik steht für einen Staat, der weder Privateigentum, Geldwirtschaft noch Hierarchien zulässt und Stolz, Neid und Habgier nicht kennt – eine schöne Fiktion. Morus, eigentlich Sir Thomas More, 1478 in London geboren, war Richter, Parlamentarier, Diplomat und Freund des Erasmus von Rotterdam. Er verweigerte als Katholik Heinrich VIII. den Suprematseid, wurde 1535 hingerichtet, 400 Jahre später jedoch heiliggesprochen.

»Ein Spiel der Phantasie« nannte der niederländische Humanist Erasmus von Rotterdam seine berühmteste Schrift. Innerhalb nur einer Woche hatte er sie – zu Besuch bei Thomas Morus – ganz ohne Hilfsmittel verfasst. *Das Lob der Narrheit* gilt als Meisterwerk zeitlosen Humors und feiner Ironie. Darin hält die personifizierte Narrheit eine *declamatio* – eine Redeübung im Stil antiker Rhetorikschulen und eine schamlose Hommage auf sich selbst. Die gesamte Menschheit, so behauptet die Rednerin, verdanke ihre Existenz überhaupt nur der Narrheit, denn ohne sie ließe sich kaum ein Mann auf das Joch der Ehe ein, geschweige denn eine Frau auf die Folgen des kurzen Vergnügens einer heißen Nacht. Aber auch kriegerische Heldentaten oder die theologische Gelehrsamkeit seien nur ihr, der Narrheit, zuzuschreiben. Ein Glanzstück der Renaissance-Rhetorik – zeitlos aktuell.

An Teresa von Avila darf kein Normalmaß gelegt werden, tönt es einhellig durch die Jahrhunderte. In dieser Schrift konzentriert sich die Summe ihres mystischen Erlebens. Verfasst hat sie die Nonne als Mittel zur Selbstkontrolle, zur Prüfung durch Gelehrte und als schlichte, um Klarheit bemühte Mitteilung an die Klosterschwestern. Sie war eine junge, lebensfrohe Frau, der große Schönheit nachgesagt wurde, als sie sich entschied, eine Braut Gottes zu werden. Mit nicht nachlassender Energie suchte sie das Gespräch mit Gott und war doch keine religiöse Dogmatikerin. »Sehr wichtig für jede Seele, die sich – viel oder wenig – dem Gebet widmet, ist es, dass man sie nicht in einen Winkel pfercht oder einengt.« Von Weltflucht hielt sie nichts, sondern wünschte, dass man von Herzen fröhlich sei und sich hüten solle, »seinem Geist zu entfliehen«.

Die Decke seiner Bibliothek zieren noch immer 57 lateinische und griechische Maximen. Seine bekannteste Maxime lautet dagegen auf Französisch: »Que sais-je?« Dieses skeptische »Was weiß ich denn?« wurde ihm zum Programm. In den Jahrzehnten des religiösen Fanatismus suchte er seine eigene Wahrheit: »Die oberste Aufgabe, zu der wir berufen sind, ist für jeden, sein eigenes Leben zu führen.« Im Jahrhundert der Entdeckungen fand er eine neue Route zum eigenen Ich. Mit seinen *Essais* hinterließ er ein Logbuch, das uns auch heute noch durchs Leben leiten kann. »Dass ein solcher Mensch geschrieben hat«, so Nietzsche, »dadurch ist wahrlich die Lust, auf dieser Erde zu leben, vermehrt worden.« Flaubert verschrieb die *Essais* »als Medizin«: »Es gibt einen Mann, mit dessen Gedanken Sie sich nähren sollten und der Sie beruhigen würde, es ist Montaigne.«

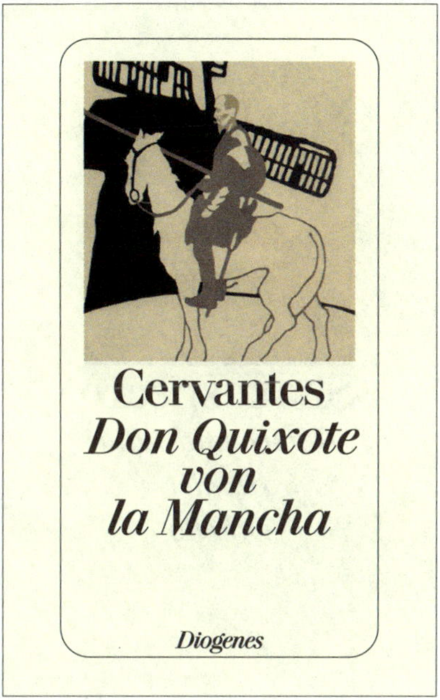

Die Lektüre von Rittergeschichten trieb ihn in den Wahnsinnn: Von einem Tag auf den anderen beschloss der verarmte Adelige Don Quixote, als Ritter sein Glück zu versuchen. Doch im Spanien des 17. Jahrhunderts gab es deren schon lange keine mehr. Don Quixote machte sich also kurzerhand zum Ritter und seine Umgebung abenteuertauglich: Windmühlen werden zu Ungeheuern, der dicke Knecht Sancho Panza zu seinem Knappen und ein Bauernmädchen seine edle Dulcinea del Toboso. Mit schepperndem Helm reitet er auf dem mageren Gaul Rosinante los – ein kurioses Bild. Doch durch seine Fähigkeit, als Einziger überall Geschichten zu sehen, umgibt den verkannten Helden eine Aura der Größe. Die weltberühmte Parodie auf die damals so beliebten Rittergeschichten gilt zugleich als erster Roman der abendländischen Literaturgeschichte.

Drei der größten Tragödien des dramatischen Meisters: Liebe, Fehde, Rache, Ehebruch, Eifersucht und Tod. *Romeo und Julia* erzählt eine zeitlose Geschichte von jugendlichem Übermut und altem Hass. Die beiden Liebenden, die ihren verfeindeten Familien trotzen, müssen sich dem allertraurigsten aller Enden fügen und hinterlassen uns einige der schönsten Liebesdialoge der Welt. Und wieso handelt eigentlich Hamlet nicht? Im Namen der Rache treibt der Prinz von Dänemark sein eigenes Spiel mit seinem mörderischen Stiefvater und der treulosen Mutter. Und Othello, der schwarze General in Venedig, zerstört sein Lebensglück, als er dem Intriganten Jago glaubt, der behauptet, dass Othello von seiner geliebten Ehefrau Desdemona betrogen werde. Von Eifersucht zerfressen bringt Othello die Unschuldige um und zerbricht am eigenen Schmerz.

John Donne, berühmtester *metaphysical poet* und Leitstern der literarischen Moderne, gehört zu den großen Liebesdichtern der Weltliteratur. Berühmt für Kraft und Sinnlichkeit im Stil und für die Originalität seiner Metaphern hat er nur in seinem Zeitgenossen Shakespeare seinesgleichen. Als Liebeslyriker ist er vielgestaltig, schwankt zwischen Ekstase und Ernüchterung, Frivolität und Verklärung. Mal derb und ruppig, dann wieder zärtlich und feinfühlig, bodenständig oder abgehoben und immer geistreich zielt er mit seiner Liebesdichtung auf die Verwandlung des Daseins durch Gefühle, Bilder und Worte. Seit Jahrhunderten erreicht uns seine Poesie: Denn Liebeskunst ist nicht nur Herzenserguss, sondern auch Überredungskunst. Werner von Koppenfels' Übertragungen vermitteln die Lebendigkeit und den Witz dieser Dichtung in großartiger Weise.

»Mit offenen Karten spielen ist weder nützlich noch angenehm. [...] Behutsames Schweigen ist das Heiligtum der Klugheit.« Aufs Kürzeste fasst der Jesuit Baltasar Gracián (1601–1658) seine Einsichten zur praktischen Lebensklugheit in diesen 300 Aphorismen. Mit seinen Schriften bewegte er sich hart an der Grenze dessen, was die katholische Kirche zu seiner Zeit duldete. Sein *Hand-Orakel* fand dennoch als Ausdruck des spanischen Hochbarock im 17. und 18. Jahrhundert große Verbreitung. Nietzsche und Schopenhauer sahen in ihm ihren geistigen Vorfahren. Als Vertreter des *conceptismo* in der Tradition didaktischer Sprüchesammlungen feilte Gracián unermüdlich an seiner hochkomprimierten Sprache. Seine Aphorismen kann man sich in ihrer Vielschichtigkeit und Kürze wieder und wieder zu Gemüte führen.

Während der fromme Heuchler und heimliche Lüstling Tartuffe zu Molières bekanntesten Gestalten zählt, ist der unglückliche Hahnrei George Dandin – einer der liebenswertesten Gehörnten der Weltliteratur – unverdientermaßen weniger populär. Dabei spotten seine Eheerlebnisse mit der schamlosen Aristokratin Angélique wirklich jeder Beschreibung: eine Lehre für jeden allzu ehrgeizigen Selfmademan! Der schwer zu begeisternde Goethe zeigte sich über die Maßen beeindruckt: »Die Exposition des *Tartuffe* ist nur einmal in der Welt da; sie ist das Größte und Beste, was in dieser Art vorhanden ist.« Ähnliches kann man von der Übersetzung von Hans Weigel sagen, der sämtliche Theaterstücke des französischen Komödiendichters für den Diogenes Verlag übertragen und aus diesem Klassiker der Weltliteratur ein sehr heutiges Vergnügen gemacht hat.

Robinson Crusoe, ein junger Mann aus angesehener Familie, könnte sein Leben in wohlgeordneten Bahnen verbringen, doch ihn lockt die See. Die Abenteuerlust treibt ihn trotz aller Warnungen auf weite Schiffsreisen. Unterwegs nach Guinea gerät er in einen Orkan und kann sich auf eine unbewohnte Insel retten. Zunächst scheint die Lage hoffnungslos, doch sein Einfallsreichtum hilft ihm, in der Wildnis zu überleben. Er baut einen Palisadenzaun, findet eine Höhle, später sogar einen Freund, den er aus den Klauen von Kannibalen befreit und »Freitag« tauft. Die Jahre auf der Insel lehren ihn Glauben, Vernunft und Ausdauer. *Robinson Crusoe* gilt als der erste moderne englische Roman und basiert auf den Erlebnissen von Alexander Selkirk, der bis zu seiner Rettung 1709 viereinhalb Jahre lang auf der Pazifikinsel Juan Fernández hauste.

Der schiffbrüchige Lemuel Gulliver gerät auf seiner Reise auf die Insel Lilliput, deren Volk aus Zwergen besteht. Von dort aus verschlägt es ihn auf die Riesen-Insel Brobdingnag. Als Zwerg muss er sich abermals abenteuerlich durchschlagen, kommt zur fliegenden Insel Laputa, wo die Wissenschaftler der Zeit ihre Experimente anstellen, und schließlich landet er nach weiteren Abenteuern im Land der Houyhnhnms, wo die Pferde regieren. Der irische Schrifsteller, Priester und Politiker Jonathan Swift vereint mühelos Satire, Fabulierlust und ein zutiefst abgründiges Welt- und Menschenbild in seinem Roman. Mit der Verwendung eines betont ›einfachen Stils‹ zielt er gekonnt auf die Missstände der zeitgenössischen englischen Politik. Zeitloses und Menschliches, so Hermann Hesse, steht in diesem Buch, dessen Zauber unerschöpflich ist.

»Dies ist die beste aller möglichen Welten« und »Alles ist aufs Beste bestellt« – so lauten die Maximen, die dem jungen Candide von seinem Lehrmeister Pangloss mit auf den Weg gegeben werden. Doch angesichts von Ohrfeigen, Krieg, Erdbeben, Kannibalen und anderen Widrigkeiten kommen Candide ernste Zweifel an der Qualität unserer Welt. Voltaires Erzählung von einem, der auszog, den Optimismus zu (ver)lernen, ist ein großer historischer, philosophischer und literarischer Wurf, »ein Klassiker der Desillusionierung« (Rüdiger Safranski) und ein enormer Lesespaß. »Es ist Zeit, unseren Garten zu bestellen«, hat der Held dieses frühen Bestsellers am Schluss immerhin begriffen. Und das war auch das Pensum, das die sogenannte Aufklärung sich stellte und löste. Voltaire hielt es für eine kleine Sache, sie aber für eine große.

Das Leben und die Ansichten des Tristram Shandy erschien in neun Büchern in London von 1759 bis 1767, und schon zehn Jahre später auf Deutsch. Die neue Gattung ›Roman‹ hatte im England mit Defoes *Robinson Crusoe* gerade ihren ersten Höhepunkt erlebt, als Laurence Sterne eingriff und die literarischen Konventionen auf den Kopf stellte. *Tristram Shandy* ist reich an kunstvoller Unordnung und an Überraschungen: empfindsam, skurril, tiefsinnig, frivol, belehrend, phantasievoll, subjektiv, philosophisch, experimentell, geistreich verknüpft, ausschweifend (mit Exkursen über Gott und die Welt, Befestigungen, Hebammen, Namen oder Nasen) und urkomisch. Ein Schelmenroman über einen, der gleich zu Beginn die eigene Zeugung als verpatzt bezeichnet, um uns dann bei der Hand zu nehmen und fortzuziehen auf eine abenteuerliche Lebensreise.

Goethe sah seinen Werther als jungen Menschen, »der mit einer tiefen, reinen Empfindung und wahrer Penetration begabt, sich in schwärmende Träume verliert, sich durch Spekulationen untergräbt, bis er zuletzt durch dazutretende unglückliche Liebe, zerrüttet, sich eine Kugel vor den Kopf schießt«. Goethes Held saugt Natur wie Poesie in sich auf, steigert sich in eine exaltierte Empfindsamkeit hinein und verliebt sich unsterblich in Lotte, die aber bereits an Albert vergeben ist. Das Ende ist bekannt. Nach dem Erscheinen von Goethes Briefroman, der sofort ein Bestseller war, brach eine regelrechte Werther-Epidemie aus: Man parfümierte sich mit ›Eau de Werther‹, kleidete sich nach der Werther-Mode – blauer Frack mit Messingknöpfen, gelbe Weste, runder Filzhut, ungepudertes Haar – und beging reihenweise Selbstmord (der sogenannte Werther-Effekt).

All seinen Groll gegen den französischen Adel soll der Autor in seinen Roman gesteckt haben, als er sich für die Niederschrift zwei Sommer lang auf eine Insel zurückzog. Der Briefroman ist eine unterhaltsame Abrechnung mit der Libertinage des 18. Jahrhunderts. Er enthüllt die skandalösen Machenschaften der französischen Adelskultur als raffiniertes Spielwerk: So gehen die beiden Protagonisten Madame de Merteuil und Valmont eine Wette ein, bei der sie eiskalt um das Schicksal eines unschuldigen Mädchens spielen. Mittel zum Zweck sind erotische Abenteuer und perfide Intrigen, Frauen werden verführt, Männer hinters Licht geführt, und das Ganze gewürzt mit berechnend gesetzten Schmeicheleien und Anzüglichkeiten – verborgen hinter samtweichen Umgangsformen. Ein reizvoller Klassiker, dessen Moral über weite Teile im Schmuckkästchen eingeschlossen bleibt.

Ulrich Bräker, Sohn eines pietistischen Tagelöhners und Kleinbauern im 18. Jahrhundert, musste bereits als Kind hart arbeiten und kämpfte sein Leben lang mit der Armut. Nur wenige Wochen lang besuchte er eine Dorfschule. Wider die Umstände war er getrieben, sein Leben aufzuschreiben, und nutzte seine wenige freie Zeit im Winter für »Kritzeleien und Hirngeburten«. Schonungslos, mit Schalk und lebenslustiger Frische notiert der Toggenburger Bauer und Garnhändler seine Gedanken und Erlebnisse. Die Abenteuerlust führte ihn aus der Enge seines Tals bis nach Berlin ins preußische Heer und wieder zurück. Bräker war der erste Schriftsteller, der die Lebenswirklichkeit der unteren Volksklassen darstellte. Zwar erlebte Bräker noch die Veröffentlichung seiner Aufzeichnungen, leben konnte er davon aber nicht. Im Jahr seines Todes musste er den Bankrott erklären.

Stellen Sie sich vor, ein junger Mann trifft auf einen Gelehrten, den er abgöttisch bewundert. Jahrzehntelang begleitet er ihn und hält alles, was er tut oder sagt, akribisch fest: wen er besucht, was er isst, mit wem er in welchen Kneipen redet und so weiter und so fort. Stellen Sie sich weiter vor, der Gelehrte sei geistreich, umfassend gebildet, aufbrausend, schlagfertig, ein höchst widersprüchlicher Geist. Und der junge Mann sei empfindsam, aber nicht ohne Humor. Dann haben Sie eine Vorstellung von der berühmtesten Biographie aller Zeiten: James Boswells Lebensbeschreibung von Dr. Samuel Johnson, dem Schriftsteller, Lexikographen und Literaturpapst des 18. Jahrhunderts. Aus dem fesselnden Porträt eines außergewöhnlichen Mannes ersteht das Bild seiner Zeit – und unserer europäischen Kultur.

»Mon très cher père, carissima sorella mia, mein allerbestes Weibchen…« Er war ein Götterliebling – als Wunderkind reiste er durch ganz Europa, in Salzburg legte er sich mit dem Erzbischof an, ging nach Wien, heiratete, feierte Erfolge, wurde zum Kontrahenten Antonio Salieris, verschleuderte sein Geld, geriet in Vergessenheit und starb in Armut. So weit, so bekannt. Wer es genauer wissen möchte, der lese Mozarts Briefe an seine Liebsten: den gestrengen Vater, seine Schwester »Nannerl«, die sehr geliebte Mutter und sein »Weibchen« Constanze. Geschrieben in unterschiedlichen Tonarten – zärtlich, respektvoll, derbkomisch oder schwermütig –, dokumentiert diese Korrespondenz Mozarts Leben und Schaffen mit allen Höhen und Tiefen und macht dabei auch vor Alltäglichkeiten, wie den Unkosten eines Dinners oder einer talentfreien Schülerin, nicht Halt.

Teezirkel, Dinners und Bälle, Spaziergänge, Picknicks und Reisen über Land – das sind die Ereignisse, um die sich das Leben der feinen Leute in der englischen Provinz um 1800 dreht. Den Rest ihrer Zeit verbringen sie an Kartentisch und Zeichenbrett, bei Musik und Literatur, mit Klatsch und Tratsch. Das spannendste Gesellschaftsspiel aber ist die Jagd nach der besten Partie. Ist man selbst schon unter der Haube, müht man sich, seine Verwandten und Bekannten zu verkuppeln. Entscheidend dabei sind Vermögen und Ansehen. Ein gutes Herz und ein kluger Kopf zählen nicht, sogar Schönheit ist nur eine angenehme Dreingabe. Davon können die Schwestern Elinor und Marian Dashwood ein Lied singen. Lange als harmlos verkannt, beweist Jane Austen hier ihren scharfen Blick für die missliche Situation der Frau in ihrer Zeit.

Kleist bleibt ein Einzelfall in der deutschen Literaturgeschichte, er lässt sich weder der Klassik zuordnen noch dem Kreis der Romantiker – seine Handschrift ist unvergleichlich. Inspiriert von Zeitungsmeldungen oder historischen Quellen schuf er seine Novellen. Darunter die Geschichte von Michael Kohlhaas, dem Rosshändler, dem willkürlich Unrecht widerfährt und der beschließt, erbarmungslos Selbstjustiz zu üben. Oder die Geschichte der Marquise von O…, einer »Dame von vortrefflichem Ruf«, die bekannt machen lässt, dass sie unwissentlich schwanger geworden ist, damit der unbekannte Vater des Kindes sich zur Heirat meldet. Kleists Figuren tragen oft etwas Übersteigertes in sich, eine atypische, unharmonische Kraft, die sich irgendwann entlädt; jeder seiner Helden ist in den Worten Stefan Zweigs ein »Übertreiber seiner Leidenschaft«.

E.T.A. Hoffmann führte ein Doppelleben als Jurist und Bohémien, und schrieb mit einer entfesselten Imagination, die uns noch heute das Gruseln lehrt. Er erzählt von zwielichtigen Geschehnissen, in denen die Grenze zwischen Realität und Phantasie verwischt. Zugang zum Wunderbaren bietet mal eine im Hotelzimmer verborgene Tür zur Theaterloge, mal ein vermeintlicher Tagtraum, mal der Besuch eines unheimlichen Schlosses oder der Blick durchs Perspektiv. Die hier versammelten Erzählungen, unter ihnen *Der Sandmann,* trugen dem Autor den Spitznamen ›Gespenster-Hoffmann‹ ein. Hesse, ein großer Bewunderer, schrieb, in seiner Dichtkunst seien »brennende Phantasie und realistische Erzählkunst so kräftig und glücklich gemischt, dass die Lektüre den weitesten Leserkreisen seltene Genüsse bietet« – auch solchen, die sich ungern gruseln.

»Wie rein, wie klar sind Ihre Lieder. […] Es drängt mich, Ihnen zu sagen, dass ich keinen Liederdichter außer Goethe so liebe wie Sie. Ich bin eitel genug zu glauben, dass mein Name einst […] mit dem Ihrigen zusammen genannt wird.« So Heinrich Heine an Wilhelm Müller. Heine irrte. Während noch heute jedes Kind Heines Namen kennt, ist Müller weitgehend vergessen. Klassikenthusiasten jedoch kennen zumindest sein Werk, vertonte doch Franz Schubert kongenial viele seiner Gedichte, so auch *Die Winterreise*, die anrührend schlicht von der einsamen Wanderung eines jungen Musikers erzählt: Er hat die Welt und eine Liebe zurückgelassen, seine Seele ist in Aufruhr. Wie die Natur schwankt sein Herz zwischen Erstarrung und Sturm. Schließlich trifft er auf einen Leiermann, der ihn vielleicht wieder zu den Menschen führt, vielleicht aber auch in den Tod.

»Genauigkeit und Kürze – das sind die ersten Eigenschaften der Prosa. Sie verlangt Gedanken und nochmals Gedanken – ohne sie dienen die glänzendsten Ausdrücke nichts.« Diesen Maximen folgt Puškin – für Tolstoi »der Göttliche«, für Gorki »ein Wunder« – in seinem Werk, das von großer Wahrhaftigkeit, frei von jeder Phrase ist. Traugott und Brigitte Buhre bringen sechs der spannendsten Erzählungen zu Gehör: *Schneesturm, Roslavlev, Der Stationsaufseher, Der Schuss, Fräulein Bäuerin* und *Pique Dame,* die von einem jungen spiel- und gewinnsüchtigen Mann erzählt, der unfähig ist, »Unentbehrliches zu opfern in der Hoffnung, Überflüssiges zu erwerben«. Als er von einer alten Gräfin hört, die drei Karten voraussagen kann, versucht er mit allen Mitteln, ihr das Geheimnis zu entlocken. Drei Karten, die das Glück bedeuten könnten – und sein Schicksal besiegeln.

»Denk ich an Deutschland in der Nacht, / Dann bin ich um den Schlaf gebracht.« Dem Verleger Julius Campe schrieb Heine aus dem französischen Exil: »Es ist ein gereimtes Gedicht, welches [...] die ganze Gärung unserer deutschen Gegenwart in der kecksten persönlichsten Weise ausspricht. [...] Ich bin diesmal sicher, dass ich ein Werkchen gegeben habe, das mehr Furore machen wird als die populärste Broschüre und das dennoch bleibenden Wert [...] haben wird.« Wie Recht er hatte. Das spöttische Versepos, in dem er seine Eindrücke auf einer Deutschlandreise 1843 schildert, wurde sofort von der preußischen Zensurbehörde beschlagnahmt. Heine, der patriotische Kritiker aus Vaterlandsliebe, wurde als Schandmaul und Franzosenfreund beschimpft. Seine Verse begeistern und provozieren bis heute. »Beruhigt euch, ich liebe das Vaterland ebenso sehr wie ihr.«

Über vierzig Jahre lang führte Eugène Delacroix regelmäßig Tagebuch. Namentlich in den ersten Jahren pflegte er selbst die geringfügigsten Kleinigkeiten aufzuschreiben. Diese Ausgabe beschränkt sich darauf, das Interessanteste sowohl an kritischen Kommentaren als auch an persönlichen Bemerkungen zu vereinigen. Delacroix nimmt unter den Malern des vorletzten Jahrhunderts eine herausragende Stellung ein. An Talent ist er den Größten ebenbürtig, und wegen seiner lebhaften und dramatischen Sujets und in der Entwickung muss man ihn als unmittelbaren Vorläufer der Impressionisten, vor allem Manets, bezeichnen. Er kannte alle berühmten Leute der Julimonarchie, der Republik von 1848 und des Zweiten Kaiserreichs, und seine Betrachtungen lesen sich heute wie ein Führer durch die Geisteswelt der ersten Hälfte des 19. Jarhunderts.

»Das Glück ist keine leichte Sache: es ist sehr schwer, es in uns selbst, und unmöglich, es anderswo zu finden.« – Dieses Motto stellte Schopenhauer seiner Anleitung zum glücklichen Leben voran. Nicht im geselligen Miteinander, auch nicht in der trügerischen Bewunderung eines Mitmenschen oder im ›wahnhaften‹ Genuss liege die Quelle des Glücks, sondern in der Selbstgenügsamkeit. Arthur Schopenhauer war ein Sprachkünstler, der die Philosophie aus den akademischen Gefilden zu den Menschen mit »Herz und Kopf« brachte. »Schopenhauer bietet uns das Bild eines Geistes, dessen Vitalität mit Leichtigkeit die gewaltigste Lektüre trägt… *Die Aphorismen zur Lebensweisheit* sind vielleicht von allen mir bekannten Werken dasjenige, das bei einem Autor mit der größten Belesenheit die größte Originalität voraussetzt«, so Marcel Proust.

Der Vater, ein Müller, schimpft den Sohn einen Taugenichts und schickt ihn hinaus in die große weite Welt. Der Taugenichts ist darüber nicht allzu traurig: Froh zieht er aus, sein Glück vor Augen, ein Ziel hat er nicht. Mit seiner Geige streift er umher und lässt sich von Zufällen und Abenteuern leiten, deren erstes ihn auf ein Schloss bei Wien führt. Hier wird er Gärtnerbursche und Zolleinnehmer und verliebt sich in eine der »schönen Damen«. Aber die Angebetete ist unerreichbar für ihn, und so macht er sich wieder auf den Weg, der ihn nach Italien führt, wo er in eine Kette von Verwechslungen, abenteuerlichen Nachstellungen und Liebeleien verwickelt wird. Mit dem *Taugenichts* schuf Eichendorff ein idyllisches Manifest heiterer Lebensoffenheit und eine beinahe märchenhafte Novelle vom Einklang des Menschen mit sich selbst und der Natur.

Julien Sorel, neunzehnjähriger Zimmermannssohn, hält in seiner Matratze ein Bild versteckt. Nicht das Bild einer Geliebten, sondern das Napoleons. Von einem Wunderheiler als Kind zum Lesen verführt, kann er das *Neue Testament* auswendig: »Bei einer glühenden Seele besaß Julien ein ganz verblüffendes Gedächtnis, wie man es sonst so häufig bei Dummköpfen findet.« Also stellt ihn der Bürgermeister als Hofmeister an, und sein Ansehen wächst schlagartig. Doch das Feuer in seinen Augen ist von Ehrgeiz und Eitelkeit angefacht: Er will Schlachten gewinnen, Schranken durchbrechen, Status erlangen. Wie Napoleon, der, einst ein Niemand, sich die ganze Welt unterworfen hat. Julien Sorel verkörpert die revolutionäre Gesinnung des jungen Stendhal, die »Jagd nach dem Glück«, das groß angelegte Naturen jenseits moralischer Grenzen suchen.

Als zeitlose Liebesgeschichte kennt man das Schicksal vom buckeligen Glöckner von Notre-Dame, der sich in die wilde Zigeunerin Esmeralda verliebt. Doch in der ursprünglichen Fassung von Victor Hugos Romanklassiker ist dieser tragisch Liebende nur eine Figur unter vielen, die das mittelalterliche Paris rund um die Kathedrale bewohnen: Hugo zeichnet bunte Menschenmengen mit zotigen Studenten und schönen Kardinälen, Marktweibern und Gelehrten, aus denen einige Figuren herausragen. Zum Beispiel der Priester Frollo, der mit der Alchemie immer mehr der schwarzen Magie anheimfällt. Oder Pierre Gringoire, der sich für einen herausragenden Dichter hält, und den die mysteriöse Esmeralda aus Mitleid heiratet. Ein historischer Roman von der monumentalen Wucht und Meisterschaft einer gotischen Kathedrale.

»Wenn jemand, der noch nichts von Balzac gelesen hat, mich bäte, den für ihn typischsten Roman zu empfehlen, in dem man alles findet, was der Autor zu geben hat, würde ich ihm ohne Zögern raten, *Vater Goriot* zu lesen«, so W. Somerset Maugham. »Er ist vorbildlich gebaut, und die beiden Handlungsstränge – die aufopfernde Liebe des alten Mannes für seine undankbaren Töchter und die ersten Schritte des ehrgeizigen Rastignac im Gewimmel der korrupten Pariser Gesellschaft – sind äußerst geschickt verwoben.« Und er illustriert wie kaum ein anderer Roman die Grundidee der *Comédie Humaine,* die Balzac so zusammenfasste: »Der Mensch ist weder gut noch schlecht. Die Welt verdirbt ihn keineswegs, sondern vervollkommnet ihn, macht ihn besser. Aber der Eigennutz sorgt dafür, dass sein Hang zum Bösen sich übermäßig entwickelt.«

»Friede den Hütten! Krieg den Palästen!« – Im 1834 konfiszierten staatsgefährdenden Flugblatt *Der Hessische Landbote* sahen die Behörden nicht das »Werk eines Studenten, sondern unverkennbar das eines erfahrenen, gewandten und geübten demagogischen Schriftstellers« – Verfasser aber war Georg Büchner, einundzwanzigjährig, Medizinstudent aus bestem Hause, fortan auf der Flucht. »Einen tollen Hund« nannte ihn Alfred Döblin. »Nach kaum 23 oder 24 Jahren verzichtete er auf weitere Existenz und starb. Es scheint, die Sache war ihm zu dumm. Das war damals eine Epoche finsterster und dumpfester Reaktion, in die er hineingeboren wurde. Büchner, das war ein Revolutionär vom reinsten Wasser!« – Eine auf der historisch-kritischen Ausgabe beruhende, sorgfältig edierte und gut lesbare Ausgabe von Büchners Gesamtwerk.

Eines Morgens entdeckt der Barbier Ivan Jakovlevic die Nase eines Kunden in seinem Frühstücksbrot. Der Kunde hingegen findet am selben Morgen in seinem Gesicht nur eine glatte Stelle… – Mit blühender Phantasie und spitzer Feder schreibt Gogol seine Erzählungen, die zu den bedeutendsten der russischen Literatur gehören. »Man hat erfahren, dass Sterbende – etwa Ertrunkene – unwillig waren, wenn sie wieder zum Leben erweckt wurden, weil ihnen unsere Welt, nach der durchkosteten Ahnung jener anderen, so grob, hässlich und schwer vorkommen wollte. Dieses Aufwachen ist das Erlebnis des Künstlers Gogol. Er sieht überscharf, weil er gesehen hat, was wir nicht wahrnehmen können. Und er kann sich eigentlich nicht mitteilen, sondern eben nur das Erlebnis der Einsamkeit mit Gelächter symbolhaft abwandeln« (Sigismund von Radecki).

»Jeder Geist hat seine eigene Methode. Ein wahrhaftiger Geist lernt niemals nach Schulregeln. Was du auf natürliche Weise angesammelt hast, überrascht und erfreut, wenn es hervorgeholt wird.« Emersons *Essays* wurden als intellektuelle Unabhängigkeitserklärung Amerikas gefeiert, er selber als erster Philosoph aus amerikanischem Geist. Eines seiner wichtigsten Anliegen ist die geistige Selbstbestimmung: *»Build, therefore, your own world.«* In optimistischem Ton stellt Emerson Fragen nach der Beziehung zwischen Mensch und Welt, Geist und Natur, und sucht nach der Umsetzung seiner Ideen. Seine Essays sind durchdrungen von Heiterkeit und Güte, vom Glauben an die positiven Kräfte des Menschen, eines Menschen, der frei ist von kleinlichem Denken oder Eigennutz und sich auf sich selbst besinnt: »Der da ein Mann sein will, der muss ein Nonkonformist sein.«

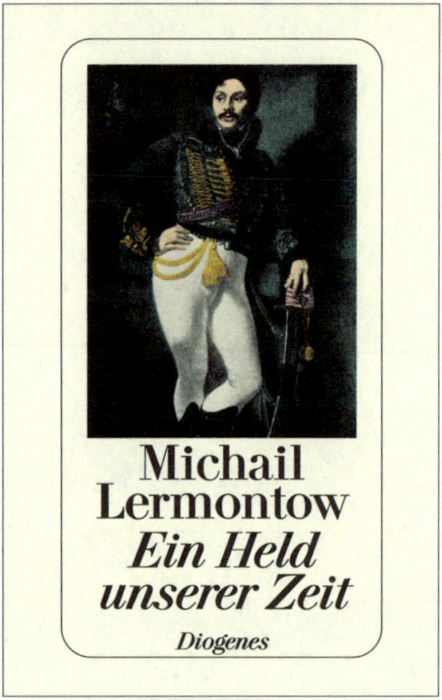

Er heißt Petschorin und ist Soldat. Er ist hochintelligent, aber sein Herz ist kalt. »Schon längst lebe ich nicht mehr mit dem Herzen, sondern nur noch mit dem Kopf. Meine eigenen Leidenschaften und Handlungen beobachte ich und wäge sie mit Neugierde ab, doch ohne Mitgefühl.« Er ist charismatisch und zutiefst unmoralisch. Was ihn vor allem prägt, ist das Gefühl des Überdrusses, des *ennui.* Er verzweifelt an der Sinnlosigkeit seiner Existenz. In fünf Episoden wird Petschorin aus verschiedenen Blickwinkeln betrachtet, von Frauen, mit denen er spielt und die seinem Zauber erliegen wie der Leser seines Tagebuchs. Ein Held? Lermontow fasste es so: »Vielleicht wollen einige Leser meine Meinung über Petschorins Charakter erfahren. Meine Antwort ist der Titel dieses Buches. ›Aber das ist doch boshafte Ironie!‹, werden sie sagen. – Ich weiß es nicht.«

Die hindernisreiche Liebesgeschichte vom tüchtigen, aber widerborstigen Knecht Uli und dem braven Bernermeitschi Vreneli ist der klassische Bauernspiegel der Schweiz und ein großer Entwicklungsroman. Bis die beiden Dickköpfe zueinanderfinden, muss Uli noch viel lernen. Die unterschiedlichsten Figuren greifen in sein Leben ein: Da ist der Bodenbauer, ein aufrechter Landmann mit seiner klugen Frau; doch da sind auch der missmutige Bauer Joggeli und seine nichtsnutzigen Kinder, der großspurige Gastwirt und seine eitle, faule Frau, über die Gotthelf die ganze Schale seines Spottes ausleert. Wer das Landleben nicht durch eine rosarote Verklärungsbrille, sondern durch die klaren Augengläser des Pfarrers von Lützelflüh sehen will, wird an dieser so hintersinnigen wie frommen Darstellung aus dem Jahr 1840 seine helle Freude haben.

»Guten Menschen eine gute Stunde bereiten, Gefühle und Ansichten, die ich für hohe halte, mitzuteilen und das Reich des Reinen, Einfachen und Schönen, das nicht nur häufig aus der Literatur, sondern auch aus dem Leben zu verschwinden droht, auszubreiten, das ist das Streben meiner Schriften [...] ein heiteres Lächeln ist meinem Herzen wohltuender als alle gelehrten und lobspendenden Kritiken.« Den überreizten Stadtmenschen vermag die Stifter'sche Langsamkeit zu entschleunigen. Wer ihm folgt, dem öffnet sich eine Welt, die vom zeitlosen Wesen der Dinge spricht. Stifters Kritikern rief Karl Kraus zu, sie sollten, sofern sie auch nur ein Quentchen Ehrgefühl besäßen, vor sein Grab ziehen und »um Verzeihung bitten und hierauf einen solidarischen leiblichen Selbstmord auf dem angezündeten Stoß ihrer schmutzigen Papiere und Federstiele unternehmen«.

Die Waise, Jane Eyre, besticht durch ihren Mut, ihre Integrität und ihre Intelligenz. Nach einer Kindheit im Heim gelangt die junge Frau als Gouvernante nach Thornfield Hall, wo sie sich bald in den düsteren und impulsiven Hausherrn, Mr. Rochester, verliebt. Doch nachts gehen seltsame Dinge vor: Aus dem abgeschlossenen dritten Stockwerk ertönen unheimliche Geräusche, und Menschen werden auf unerklärliche Weise verletzt. Als ein dunkles Geheimnis ans Licht kommt, schlittert Jane beinahe ins Verderben. Durch alle Turbulenzen und bis zum Ende der Geschichte bleibt sich Jane treu, unbeirrt in ihrem Urteilsvermögen, und nimmt eine Haltung ein, die die Gleichberechtigung von Frau und Mann als eheliche Grundlage fordert. Ein hochaktuelles Buch, das in alle Weltsprachen übersetzt und acht Mal verfilmt wurde.

Heftigen Stürmen ausgeliefert, liegt der Gutshof Wuthering Heights auf einer Anhöhe in Yorkshire, inmitten einer düsteren Moorlandschaft. Dort lebt der alte Earnshaw mit seinen drei Kindern Catherine, Hindley und Heathcliff. Letzterer, ein Findelkind aus den Elendsquartieren Liverpools, ist von Earnshaw an Sohnes statt angenommen worden. Zwar genießen alle drei Kinder die gleiche Erziehung, doch der Adoptivsohn kann seine Vergangenheit nicht abschütteln. Sein unbändiges Wesen offenbart seine Herkunft. Nach dem Tod des alten Earnshaw ziehen dunkle Wolken über den Wuthering Heights auf: Obwohl Catherine ihren Adoptivbruder von Herzen liebt, weist sie ihn wegen des Standesunterschieds schroff zurück. Gedemütigt verlässt Heathcliff den Hof, um später wiederzukommen und gezielt Rache zu üben …

John Irving über sein großes Vorbild Charles Dickens, den »König des Romans«: »Er beschreibt die Dinge so anschaulich und eindringlich, dass man sie nachher nicht mehr anders sehen kann als mit seinen Augen. Dickens hat große Komödien und gleichzeitig große Melodramen geschrieben. Und noch etwas an ihm ist bewundernswert: Seine Bücher sind nie eitel. Er strebte nicht nach Originalität. Er wusste sehr genau: Bestand haben werden die größeren, schlichteren Dinge – die Handlung, die Charaktere, das Lachen und die Tränen.« All das gilt für die bewegende Lebensgeschichte von David Copperfield, der schon früh die Härten des Lebens erfährt: Als Zehnjähriger muss er bereits in einer Fabrik schuften. Mit Intelligenz und Sensibiliät und der Hilfe guter Menschen findet er jedoch seinen Platz in der Welt – und die große Liebe.

Der Erzähler von *Weiße Nächte* ist auf eine wunderliche Art mit St. Petersburg verbunden. Beim täglichen Spaziergang trifft er auf Unbekannte, an deren Leben er als Passant teilhat. Kein Wunder, dass der Träumer unter Schock steht, als die Straßen in der Sommerzeit leergefegt sind. Doch dann, in einer sternenklaren Nacht, macht er eine wirkliche Bekanntschaft mit einer Brünetten, die ihm das Versprechen abnimmt, sich nie in sie zu verlieben… »Nirgends zeigt sich das Genie Dostojewskijs vollendeter als in diesen Meistererzählungen. Sie sind von einem Dichter gestaltet, der über alle Zaubermittel verfügt, die Stimmen der menschlichen Herzen widerklingen zu lassen. Heiterkeit, inniges Gefühl und tiefe Trauer einer großen zerrissenen Seele fangen uns ein: Ihre Probleme sind unsere Probleme, und so erschüttern sie uns doppelt« (Johannes von Guenther).

Zwei Gegner mythischen Formats: Im dunklen, tosenden Meer tobt der weiße Wal, unberechenbar und brutal; auf dem Walfänger Pequod wütet der düstere, von rasenden Rachegelüsten getriebene Captain Ahab, einbeinig seit seinem letzten Zusammentreffen mit Moby-Dick. Im selben Boot sitzt auch der Erzähler Ismael, der als Einziger die besessene Jagd auf den weißen Wal überleben wird – im Sarg seines Freundes Quiqueg. Harpunen, Tätowierungen und Meutereien gehören ebenso zu *Moby-Dick* wie eine Schiffsmannschaft mit wilden Gestalten aus den abgelegensten Gegenden der Welt. Das Kultbuch über die Urgewalten der Meere und der Menschen verwebt Melvilles eigene Erlebnisse zur See mit Verweisen auf Religion, Mythologie und Literatur zu einem schillernden Ganzen, das selber wieder zu dem Stoff wurde, aus dem Legenden gemacht sind.

Was für ein Name: Zinaida – und was für ein Geschöpf: »In den Bewegungen des Mädchens lag so viel Bezauberndes, Befehlshaberisches, Zärtliches, Spöttisches und Liebes, dass ich fast vor Staunen und Vergnügen aufgeschrien hätte... Ich vergaß alles, meine Augen verschlangen geradezu diesen schlanken Leib und diesen Hals, die schönen Hände und das leicht zerzauste blonde Haar unter dem weißen Tüchlein und die halbgeschlossenen gescheiten Augen, die Wimpern und diese zärtlichen Wangen darunten.« Knapp über zwanzig ist die Fürstentochter, als der fünf Jahre jüngere Vladimir sie zum ersten Mal sieht und ihr sofort verfällt. Aber Vladimir muss schmerzhaft erfahren, dass er bloß ein Spielball ihrer Launen ist. Denn Zinaida liebt einen anderen. Eine Novelle, so schön, so groß, so unvergesslich und so schrecklich traurig, wie nur die erste Liebe sein kann.

Als Mitte des 19. Jahrhunderts alle Welt dem Ruf »Go West« folgte, machte sich Thoreau auf den Weg zu sich selbst. Ausgerüstet mit Hammer, Nägeln, gebrauchten Brettern und zwei Glasfenstern zog er am amerikanischen Unabhängigkeitstag an den Waldenteich nah seinem Heimatstädtchen Concord in Massachusetts. Dort baute er für zwei Jahre, zwei Monate und zwei Tage eine Hütte. »Ich zog in den Wald, weil ich den Wunsch hatte, mit Überlegung zu leben, dem eigentlichen, wirklichen Leben näherzutreten, […] damit ich nicht, wenn es zum Sterben ginge, einsehen müsste, dass ich nicht gelebt hatte.« *Walden* ist das Buch dieses Experiments. Thoreau zeigt darin, dass der Weg zu sich selbst bei den einfachen Dingen und einer gelasseneren Gangart beginnt – ein veritables ›Handbuch des Glücks‹, ein kunstvoller Essay, eine vergnügliche Lektüre.

Heinrich Lee will Maler werden. Dafür verlässt er seine Heimatstadt Zürich, zieht nach Deutschland, lebt hart am Existenzminimum, findet einen Freundeskreis. Seine Ambitionen und sein Scheitern fesseln genauso wie seine Zerrissenheit zwischen der zarten Anna und der stolzen und sinnlichen Judith. Es ist die Lebensgeschichte von einem, dem seine unverwüstliche Einbildungskraft zum Verhängnis wird. Seine letzte Einsicht als gescheiterter Maler: Es kommt auf das scheinbar Unbedeutende an. »*Der grüne Heinrich* in seiner zweiten, endgültigen Fassung besitzt die Reife und Vollendung, die vielleicht nur ein Werk haben kann, an dem Jugend und Alter gemeinsam gearbeitet haben. Wie Homer nicht veraltet, kann auch diese Kunst durch keine Geschmacksrichtung und Mode angetastet werden, da sie die Grundlinien des Lebens selbst zieht« (Ricarda Huch).

»Du Leser bist von Leben, Liebe, Stolz durchpulst so gut wie ich, / Deshalb für dich die folgenden Gesänge.« Generationen amerikanischer Dichter sind undenkbar ohne Whitmans monumentalen Hymnus auf die Natur, seine Heimat, die Demokratie, den freien Menschen. Dass der Humanist Stefan Zweig begeistert von diesen Versen war, verwundert kaum: »Die Intensität dieses Werks ist so stark, dass eine Strophe schon berauscht, eine Seite schon lebenstrunken macht: [...] In einer Zeile schon ist Whitman ja immer enthalten, so wie ganze Wälder in einem Samenkorn. Aber die volle Breite seines Werks, die Fülle, die Vehemenz seiner Dichtung«, lobt Zweig die vorliegende Nachdichtung, »vermögen in Deutschland jene, denen die Originale nicht zugänglich sind, erst heute kennenzulernen an der umfassenden Ausgabe, die Hans Reisiger [...] meisterlich zu Ende geführt.«

Von einem einzigen Tag im Leben des Komponisten erzählt Mörikes Künstlernovelle. Auf dem Weg zur Uraufführung seines *Don Giovanni* in Prag (wo er, ganz anders als in Wien, zeit seines Lebens große Erfolge feierte), geraten Mozart und seine Frau Constanze unversehens in eine adlige Gesellschaft – man begeht die Verlobung der jungen Eugenie. Mozart spielt der Runde aus seiner Oper vor. Seine Zuhörer sind begeistert, die Stimmung ist ausgelassen. Bei aller Heiterkeit durchzieht doch auch leise Todesahnung dieses schmale Buch. »Es war [Eugenie] so gewiss, so ganz gewiss, dass dieser Mann sich schnell und unaufhaltsam in seiner eigenen Glut verzehre, dass er nur eine flüchtige Erscheinung auf der Erde sein könne, weil sie den Überfluss, den er verströmen würde, in Wahrheit nicht ertrüge.« Vier Jahre später starb Mozart in Wien, vergessen und verarmt.

Charles Baudelaire war ein Dandy und Exzentriker, ein Dichtermythos der Moderne, ein maßloser Mensch: Sein Vermögen verschleuderte er, hielt sich zahlreiche Geliebte, lebte im Alkohol- und Morphiumrausch. Er wusste um die Ambivalenz der Dinge, um die Schrecken, die mit dem Schönen verbunden sind. Schon als Kind verspürte er zwei widerstreitende Empfindungen: Lebensangst und Lebensüberschwang. Von Extremen, dem Lichten, Guten und dem Dunklen, Satanischen sprechen auch seine *Blumen des Bösen,* die hier in der gefeierten Übersetzung von Terese Robinson vorliegen. Als der Band 1857 erschien, gab es heftige Proteste: Diese Gedichte seien obszön und blasphemisch. Wegen der »verderblichen Wirkung der Bilder, die er den Leser sehen lässt«, wurde Baudelaire verurteilt. Zu Lebzeiten verkannt, gilt sein Werk heute als Meilenstein der modernen Poesie.

Die begeisterte Romanleserin Emma Bovary hat den Kopf voller romantischer Ideen. Wie langweilig muss ihr das Leben als Frau eines Arztes in der Provinzstadt erscheinen? Ihr uncharismatischer, genügsamer Mann Charles versteht ihre Wünsche und Nöte nicht. So wirft sich die leidenschaftliche junge Frau in fremde Arme – und wird bitter enttäuscht. Von der Zeitungsmeldung eines Suizids angeregt, feilte Gustave Flaubert in minutiöser Arbeit fünf Jahre lang an seinem sprachlich wie psychologisch präzisen Meisterwerk. Auf die Veröffentlichung folgte ein Skandal, der Schriftsteller wurde wegen »Verstoßes gegen die öffentliche Moral« angeklagt. Doch der Wert dieses Romans – Maßstab für das Schaffen zahlloser Autoren – wurde bald erkannt und der Begriff »Bovarysme« zum Begriff für das fatale Missverhältnis von Wunschbild und Wirklichkeit.

»Die Welt ist groß«, meint ein englischer Gentleman zu seinem Nachbarn am Whisttisch. »Das war einmal«, antwortet Mr. Phileas Fogg und wettet auf der Basis einer Berechnung des *Morning Chronicle*, dass er in achtzig Tagen um die Erde reisen und pünktlich zur nächsten Runde Whist zurück sein wird. Auf dem Spiel stehen seine Ehre und die Hälfte seines Vermögens. Mit Schiff, Bahn und Elefanten jagen Fogg und sein Diener Passepartout um die Erde. Dabei begegnen sie einer indischen Prinzessin und allerhand Gaunern, die um jeden Preis verhindern wollen, dass Fogg seine Wette gewinnt. Doch: »Ein richtiger Engländer spaßt nie, wenn es sich um eine so ernste Sache wie eine Wette handelt.« Der Verne-Bewunderer Jean Cocteau ließ sich von diesem Buch verführen, die gleiche Reise zu unternehmen – er brauchte siebenundfünfzig Tage.

»*Anna Karenina* ist die einfache Geschichte einer Dame der hohen russischen Gesellschaft, die an einen ungeliebten Mann verheiratet ist, sich in einen andern verliebt, ihren Gatten verlässt und sich schließlich, den vielerlei Konflikten ihrer Lage nicht mehr gewachsen, unter die Räder eines Zuges wirft. Guy de Maupassant hätte daraus eine Studie von zwanzig Seiten gemacht, Peter Altenberg eine Skizze von zwei Seiten. Tolstoi hat dreizehnhundert Seiten darüber geschrieben [...]. Es gibt Schilderer, die [...] sofort langweilig werden, wenn sie sich nur ein bisschen expandieren, und es gibt Seelenmaler, die überhaupt erst bei der Breite anfangen. Unter diese gehört Tolstoi. Er ist gar nicht geschwätzig, er sagt niemals etwas Entbehrliches, und er wiederholt sich nur dort, wo es ein Mangel an Realistik wäre, sich nicht zu wiederholen« (Egon Friedell).

Die amerikanische Poetin, die lange als Geheimtipp galt, schrieb ihre Gedichte in rigoroser Zurückgezogenheit. Ihr Leben beschränkte sich auf ihr Elternhaus und den Garten, dessen Grenzen sie bald nach ihrem dreißigsten Geburtstag nicht mehr überschritt. In ihrer Lyrik aber weitet sich die Welt ins Unermessliche: »Ich wohne in der Möglichkeit – / Ein Haus gefälliger / Als Prosa – mit mehr Fensterlicht – / Die Türen dicht und schwer / Mit Zimmern wie die Zedern / – Geschützt vor jeder Schau – / Und als ein dauerhaftes Dach / Des Himmels Giebelbau – Mit dem erlesensten Besuch – / Mein einzig Tagwerk dies – / Die schmalen Hände weit gespreizt / Greif ich das Paradies.« Dieser Band umfasst eine Auswahl der berühmtesten Gedichte und Passagen aus Dickinsons Briefwechsel mit ihrem literarischen Mentor Thomas Wentworth Higginson.

Das Bild des Künstlers als Mensch: Sein Werk hat längst den Platz erobert, der ihm gebührt, nun scheint es notwendig, den Künstler selbst sprechen zu lassen, um seine Gedanken den üblichen Ungenauigkeiten und Entstellungen entgegenzusetzen. Seine Korrespondenz (über zweihundertdreißig Briefe sind in dieser Ausgabe, der bislang umfangreichsten, versammelt) bringt uns den Maler menschlich näher, und sie wird die Ehrfurcht vor dem Künstler vermutlich noch verstärken. In Cézannes Briefen spiegelt sich eine unausgeglichene Natur: Frivol und sorglos in seinen Jugendjahren ist er später oft argwöhnisch und verschlossen. Er schwankt zwischen Zärtlichkeit, Demut und Arroganz, sein Selbstvertrauen weicht Bitterkeit und Enttäuschung. Nur einigen alten Kameraden, einigen jungen Freunden und seinem Sohn gegenüber bleibt er stets liebevoll.

Eher unversehens wurde Maupassant einer der Begründer der modernen Kurzgeschichte: Hauptberuflich im Marineministerium tätig, schrieb er nur nebenbei – geschult durch seinen hervorragenden, strengen Lehrer Flaubert. 1880 trat er mit einem Gedichtband und der Erzählung *Boule de Suif* an die Öffentlichkeit und wurde mit einem Schlag berühmt. Die Zeitungen rissen sich um seine Erzählungen, er konnte den Dienst im verhassten Ministerium quittieren und sich durch sein unermüdliches Schaffen ein mondänes Leben leisten. Maupassant starb 1893 im Alter von nur 43 Jahren. Er hinterließ etwa 300 Kurzgeschichten von prägnantem Stil und in bisweilen spöttischem Tonfall. Auf unvergleichliche Weise vereint der Meister der realistischen Erzählung einen klaren Blick auf die Geschehnisse mit höchster atmosphärischer Dichte.

»Dublonen! Dublonen!«, kreischt John Silvers Papagei, und schon segeln wir mit dem alten, verstockten Piraten und dem jungen Jim Hawkins auf der Hispaniola ins Karibische Meer. Dort nämlich wartet auf einer einsamen Insel der Schatz des blutdürstigen Freibeuterkapitäns Flint. Ihn zu heben bedeutet Lebensgefahr. Bis es so weit ist, muss der 17-jährige Jim Hawkins manches Abenteuer bestehen, und Halunken wie den einbeinigen Schiffskoch Long John Silver austricksen. Nur gut, dass Jim im Apfelfass die Schurken belauscht hat… Seit Stevensons Billy Bones das herrlich grausige Lied zum ersten Mal gegrölt hat, gehört ›Fünfzehn Mann auf eines toten Manns Truh', iohoho, und eine Buddel voll Rum‹ ins Liederrepertoire jedes wahren Piraten; und Augenklappe und Holzbein oder -krücke zu seinen unverzichtbaren Accessoires.

Südafrika, 1850. Auf einer kleinen Farm wachsen unter der Obhut der dicken Tant' Sannie drei elternlose Kinder heran: die bodenständige Em, die hübsche Lyndall und der verschlossene Waldo. Em verliert ihren englischen Verlobten an Lyndall, aber die will ihn nicht und verlässt die Farm. Auch Waldo, der Em liebt, geht fort. Doch Lyndall ist die Einzige, die wirklich aus der archaischen Welt der Farm ausbricht, jede Bindung verweigert und schließlich daran zugrunde geht. Olive Schreiner, Missionarstochter, Frauenrechtlerin und Pazifistin, schildert ungezwungen einfache Menschen mit großen Gefühlen, Figuren, die man nicht wieder vergisst, und widmet sich einem brennenden Thema ihrer Zeit: den Möglichkeiten von Frauen in einer von Männern dominierten Welt. Für Nadine Gordimer ist dieses poetische, lebenskluge Buch »*der* Roman Südafrikas«.

Busch war einer der einflussreichsten humoristischen Dichter und Zeichner Deutschlands, er gilt gar als Pionier des Comics. Bis heute fehlen die Bücher des Autors von *Max und Moritz* in keinem Familienhaushalt. Dass der grummelige Schopenhauer-Verehrer uns nicht nur als Erzähler witziger Geschichten, sondern auch als Lyriker in Erinnerung bleibt, dafür sorgt dieser Band. »Es flog einmal ein muntres Fliegel / Zu einem vollen Honigtiegel. / Da tunkt es mit Zufriedenheit / Den Rüssel in die Süßigkeit. / Nachdem es dann genug geschleckt, / Hat es die Flüglein ausgereckt / Und möchte sich nach oben schwingen. / Allein das Bein im Honigseim / Sitzt fest als wie in Vogelleim. / Nun fängt das Fliegel an zu singen: / Ach lieber Himmel mach mich frei / Aus dieser süßen Sklaverei! / Ein Freund von mir, der dieses sah, / Der seufzte tief und rief: Ja ja!«

Unter freiem Himmel leben, sich an einem Feuer wärmen und mit einem Floß den Mississippi befahren: Welcher Junge beneidet Huckleberry Finn nicht um sein Leben? Sein Vater, ein Schläger und Trunkenbold, taucht zum Glück nur sporadisch auf. Die Schule kennt Huck nur von außen. Er begeistert sich für den alttestamentarischen Mose, bis er herausfindet, dass der schon lange tot ist, dafür kann er nachts das Miauen einer Katze von dem Jaulen des besten Freundes unterscheiden. Doch *Huckleberry Finn* ist mehr als ein Abenteuerbuch. Als Huck auf den Sklaven Jim trifft, der seiner Besitzerin weggelaufen ist, beginnt die Flucht des jungen Außenseiters und des rechtlosen Schwarzen und damit eine Geschichte, die grundlegende moralische Fragen aufwirft und wie kaum eine andere vom Streben nach Glück erzählt – von dem American Dream.

An diesem Denker führt kein Weg durch die deutsche Geistesgeschichte vorbei. Der Laie kennt neben Friedrich Nietzsches Übermenschen aus der Ferne vielleicht seinen unbekannten Gott, Zarathustra, seine Krankheiten und Wahnvorstellungen. Wer sich bisher nicht an den übermächtigen Philosophen gewagt hat, für den ist dieses Buch genau richtig. Hier wird der lange Zeit durch Ideologien verschüttete Philosoph in zugänglichen, aber nicht weniger dichten und vollen Häppchen gezeigt. Der Band enthält Textpassagen zu Themen wie Erkenntnis, zum tätigen Bewähren, zum reichen Erleben, aber auch zu so »profanen Dingen« wie Frauen, Liebe und Ehe (Gerüchten zufolge vermutlich größtenteils theoretischer Natur), zur Kunst und zu vielen weiteren, mythischeren Fragen. Ein Feuerwerk an Ideen, überraschend witzig, treffsicher und poetisch verdichtet.

»Kunst ist Vergeistigung. Sie bedeutet die höchste Freude des Geistes, der die Natur durchdringt und in ihr den gleichen Geist ahnt, von dem auch sie beseelt ist. Sie ist ein Genuss für den Verstand, der mit offenen Augen ins Universum schaut und es dadurch von neuem erschafft, dass er es mit Bewusstsein erleuchtet. Die Kunst ist die erhabenste Aufgabe des Menschen, weil sie eine Übung für das Denken ist, das die Welt zu verstehen und sie verständlich zu machen sucht. Heute glauben die Menschen, die Kunst entbehren zu können. Sie wollen nicht mehr nachsinnen, betrachten und ihre Phantasie anregen: Sie wollen nur noch physischen Genuss.« Hinter dem schlichten Titel verbirgt sich das Programm eines wahren Künstlers, aufrührerisch und versöhnlich zugleich – Rodins Auseinandersetzung mit der Natur, der Kunst und der Schönheit der Frauen.

Der einzige Roman von Oscar Wilde wurde in der viktorianischen Zeit als anrüchig empfunden und war Teil des Unzuchtprozesses gegen den Dandy. In seinem Zentrum steht der junge Dorian Gray. Seine Schönheit wird vom Maler Basil Ward vergöttert und in einem Porträt festgehalten. Als Dorian Lord Henry Wotton kennenlernt, ist er begeistert von dessen Lebensmaximen: Das einzig Erstrebenswerte im Leben seien Schönheit und die Erfüllung der Sinneslüste. Dorian weiß, dass auch seine Schönheit vergänglich ist, und würde seine Seele verkaufen, damit sein Porträt an seiner Stelle altere. Sein Wunsch erfüllt sich, und fortan zeichnet sich jede Sünde im Gesicht auf der Leinwand ab, während Dorian frisch und jung bleibt... Die Geschichte eines faustischen Narziss, der – unfähig zu lieben – nicht nach Erkenntnis, sondern nach Schönheit um jeden Preis strebt.

Stechlin – so heißt ein stiller See in der Grafschaft Ruppin, und so heißt auch der Besitzer des alten märkischen Guts: Dubslav von Stechlin. An einem Oktobertag kündigt ein Telegramm seines Sohnes Woldemar an, dass dieser bald heiraten wird. Wen, ist unklar: die eigensinnige Melusine oder ihre Schwester, die introvertierte Armgard? Mit Melusine hat Fontane eine bezaubernde Figur geschaffen, in die sich jeder sofort verliebt – dank eines einfachen Tricks. Er gibt ihr einen grandiosen Auftritt und verbirgt sie dann fast das ganze Buch vor dem Leser, der doch wissen will: Wird Woldemar die Richtige wählen? »Zum Schluss stirbt ein Alter, und zwei Junge heiraten sich – das ist so ziemlich alles, was auf 500 Seiten geschieht«, fasste Fontane lapidar die Handlung zusammen. Dabei ist *Der Stechlin* voller Herz und Gemüt, oder, wie Thomas Mann sagte, voller »Lebensmusik«.

Als das erste Raumschiff auf der Erde aufprallt, steht bald eine Handvoll Schaulustiger um den vermeintlichen Meteoriten herum. Noch ahnt niemand, dass das Gefährt Wesen von einem anderen Planeten beherbergt, und dass die Insassen alles andere als friedliche Absichten hegen. – Was passiert, wenn sich eine außerirdische Macht die Menschheit als Zielscheibe wählt? Diese Frage um die Schattenseite des technischen Fortschritts stellte sich H. G. Wells 1898 – auch im Kontext der Kolonialisierung. Sein Szenario einer interplanetarischen Invasion wurde zum Vorbild einer ganzen SF-Kultur. 1938 produzierte Orson Welles nach diesem Klassiker das berühmteste Hörspiel aller Zeiten: Obwohl als solches angekündigt, brach eine Massenpanik aus, die Menschen flüchteten aus den Städten, weinten, beteten und glaubten, das Ende der Welt stehe kurz bevor.

»Der Mensch ist ein bösartiges Tier«, schrieb Joseph Conrad einst. Wohl in keinem Buch ist dies triebgesteuerte, immer wieder aus der kultivierten und moralischen Bahn geworfene Wesen Mensch besser beschrieben worden als in der zeitlosen und archaischen Novelle, in der Kapitän Marlow seinen Flussdampfer immer tiefer in die Wildnis des Kongo steuert, ins Herz des Schwarzen Kontinents, wo er auf den zwielichtigen Elfenbeinhändler Kurtz stößt. Im Nachwort seiner hochgelobten Übersetzung schreibt Urs Widmer: »Man kann und muss *Das Herz der Finsternis*, obwohl darin die Gesetze der Literatur und nicht der journalistischen Dokumentation herrschen, als die ›Wahrheit‹ lesen.« Es gibt Abweichungen zu Conrads eigener Kongo-Reise, aber die makabersten und erschreckendsten Episoden sind leider keine Erfindung.

Als er 1896 in die Reinbachfälle im Berner Oberland stürzte, waren seine Fans erschüttert. Auf den Straßen des viktorianischen Londons sah man enttäuschte Leser mit Trauerbinden und schwarzen Krawatten. Doch sein Tod war nur ein vorläufiger: Ein Verleger bot Doyle so viel Geld, dass der Holmes wiederauferstehen ließ. Dieser Band versammelt die schönsten ›Sherlockiana‹, Geschichten von blauen Riesendiamanten, schurkischen Stiefvätern, einem großangelegten Betrug an Rothaarigen – kleine Fische für den Analytiker –, er zeigt aber auch Holmes' weiche Seite: seine Launen, seine Liebe zur Musik und seine Schwäche für Irene Adler, Femme fatale, die um ein Haar Böhmens Thron ins Wanken gebracht hätte. Zum Glück steht ihm der bodenständige Dr. Watson bei. Für Fans der forensischen Methode – Holmes ist einfach nicht totzukriegen.

Zwei Männer, das Meer, eine unerfüllte Liebe und ein Geheimnis von internationaler Reichweite: Die beiden Engländer Carruthers und Davies kreuzen auf einer kleinen Yacht durch das norddeutsche Wattenmeer und geraten dabei in einen Strudel gefährlicher Ereignisse. Was als harmloser Segeltörn beginnt, führt bald in die Welt der internationalen Spionage. Erskine Childers – irischer Revolutionär und Vater des gleichnamigen irischen Ministerpräsidenten – schrieb seinen ersten und letzten Roman vor dem Hintergrund des Wettrüstens im Flottenbereich zwischen Deutschland und England um das Jahr 1900. Die Geschichte dieser Seglerfreundschaft gilt als erster Spionageroman mit literarischem Anspruch, wurde von John Buchan, einem ausgewiesenen Fachmann in Sachen Spannung, als »die beste Abenteuergeschichte« bezeichnet – und ist heute ein Kultbuch.

Lebensmüdigkeit und Lebenslust, Schein und Wirklichkeit, Spiel und Notwendigkeit und immer wieder der Zufall – Arthur Schnitzlers Erzählungen vibrieren von der Atmosphäre des Wiener Fin de siècle. Hier leben Offiziere, schöne Mädel, Liebhaber und Schauspieler mit Galanterien, Neurosen, überkommenen Ehrvorstellungen vor sich hin, wenn sie einander nicht gerade betrügen. Schnitzlers Auseinandersetzung mit Freud und der damals aufkommenden Psychoanalyse ist in all seinen Geschichten spürbar. Sein *Leutnant Gustl* ist außerdem die erste konsequente literarische Umsetzung eines inneren Monologes: Die Handlung entwickelt sich aus der direkten Wahrnehmungswelt des Protagonisten, nimmt seinen nervös-disparaten Denkrhythmus auf und lässt den Leser an seinen Wahnvorstellungen und Ängsten teilnehmen.

Die Schwestern Olga, Masa und Irina leben mit ihrem Bruder Andrej in einer russischen Provinzstadt, wo sie sich furchtbar langweilen. Sie haben nur ein Ziel: nach Moskau zurückzukehren. Da wird ein Regiment in der kleinen Stadt stationiert — eine willkommene Abwechslung. Im Haus der drei Schwestern gehen die Offiziere ein und aus, und allerlei Liebesverwicklungen bahnen sich an… In der Phase der Niederschrift von *Drei Schwestern,* welches sein erstes ›auf Bestellung‹ verfasstes Stück war, schrieb Čechov: »Vielleicht wird gar kein Stück daraus, sondern nur ein langweiliger Irrsinn von der Krim.« Hier wie in seinen anderen Stücken und Geschichten – grandios von Peter Urban übersetzt – war er stets weit davon entfernt zu langweilen. Seine mit ihrem ganzen Wesen und ihrer ganzen Psyche greifbaren Charaktere bewegen – nach wie vor.

Die *Galgenlieder* enstanden ab 1895 und wurden im Kreis von acht Freunden, dem Bund der »Galgenbrüder«, von Christian Morgenstern vorgetragen. An den Treffen redeten sich die acht mit Übernamen wie »Gurgeljochen«, »Verreckerle« oder »Rabenaas« an; die Manuskripte wurden in ein Hufeisen und zwischen Metallplatten in Form eines Henkerbeils gebunden. Christian Morgenstern gab sie zur Veröffentlichung frei, als sie bei Lesungen im Berliner Kabarett Überbrettl auf große Begeisterung stießen – sie begründeten seinen literarischen Ruhm. Unter der Widmung: »Dem Kind im Manne« enthält diese Sammlung das tiefsinnigste deutsche Gedicht, *Das große Lalula,* oder das in wissenschaftlichen Kreisen weltberühmte *Nasobem,* und auch die Interpretation von *Fisches Nachtgesang* bringt bis heute ganze Säle voller Germanisten aus der Fassung.

»Natürlich hat jede Sache ihre zwei Seiten. Wir wollen gleich die zweite betrachten. Man spricht oft von ›Ladenmädchen‹. Solche Mädchen gibt es nicht. Es gibt Mädchen, die auf diese Weise ihren Lebensunterhalt verdienen. Aber warum macht man ihre Beschäftigung zu einem Eigenschaftswort? Wir wollen fair sein. Wir bezeichnen die Mädchen, die in der Fifth Avenue wohnen, ja auch nicht als ›Heiratsmädchen‹.« So kann nur eine Erzählung von O. Henry beginnen, dem Meister der schnoddrigen Short Story, dem Vorbild Faulkners und Hemingways. Die besten seiner burlesken Alltagsporträts erzählen von den Träumen kleiner Leute im New York um 1900. Zuweilen hört man, das sei doch reine Unterhaltungsliteratur. Na und? O. Henrys Geschichten haben Witz und Bodenhaftung und enden meist happy – aber nie so, wie man denkt. Was will man mehr?

Als Welpe wird Weißzahn (drei Viertel Wolf, ein Viertel Wolfshund) von einem Indianer gefangen, dem er dient. Als Gegenleistung für Futter und Quartier. Doch bis Weißzahn sich wirklich unterordnet, besteht er noch manchen gefährlichen Kampf gegen Mensch und Tier. Ständig wird seine Wolfsnatur herausgefordert... In der Beschreibung dieser oft heftigen Auseinandersetzungen bewährt sich Jack London als ungestümer Erzähler, der mit dieser Abenteuergeschichte den für ihn zeitlebens ungelösten Zwiespalt zwischen Freiheitsdrang und Zugehörigkeitsbedürfnis thematisiert. »Man muss Jack London kennen! Er hat eine unerhörte, vorurteilslose Art, die Dinge zu sehen und unerbittlich anzupacken, und so entsteht der wilde Atem des Lebens, der diese Bücher durchfegt und ihre Lektüre zu einem unvergesslichen Erlebnis macht« (Erich Maria Remarque).

»Rilke hat verlernt, ›die Dinge einfach schon zu fühlen‹. Und nur als Bilder begreift er sie, als ein stetes Aneinandererinnern der Dinge, und so wird das ganze Leben um ihn ein ungeheurer Zusammenschluss, ein ewiges Sicherläutern, ein wechselseitiges Ineinandergreifen. Nichts kann dem Dichter einzeln oder bedeutungslos sein, der es immer schon ganz unbewusst in Beziehung zu den anderen Dingen sieht, der eine geheimnisvolle Durchsichtigkeit des Wesenhaften besitzt, so dass er Farbe, Ton, Geste und Geschichte von Menschen und Dingen losschälen kann wie Blätter, sie einzeln anordnen und schichten nach seinem Willen. Mit diesem beispiellos intensiven Betrachten umreißt er nicht die Gegenstände, sondern er dringt in sie ein, durchmeißelt sie, und nicht mehr der Malerei ist nun seine Kunst genähert, sondern der Plastik« (Stefan Zweig).

Die Lektüre einer Erzählung von Saki gleicht dem Besuch eines altehrwürdigen, aber verlotterten englischen Herrenhauses mit den seltsamsten Bewohnern, die unglaubliche Geschichten erzählen: Da ist Bertie Steffink, der »frühzeitig in seinem Leben den Beruf des Taugenichts erwählt« hat; Theophil Eshley, ein Kunstmaler, der sich auf das Depiktieren von Kühen spezialisiert hat; die lethargische Mrs. Packletides, deren »ganze Freude und feste Absicht« es ist, einen Tiger zu erlegen; Cornelius Appins, der der Katze Tobermory das Sprechen beigebracht hat, bevor ihn im Dresdner Zoo der Tod ereilt; oder J. P. Huddle aus Tilfield bei Slowborough, der derart an Ruhe leidet, dass er sich einer Unruhekur unterziehen muss. Man darf sich auf tragikomische Absurditäten freuen, auf hinterlistige Pointen und tiefschwarzen Humor. *Very strange and very, very british.*

Um dem hektischen Berlin zu entfliehen, reisen Claire und Wolfgang für drei »leuchtende Tage« in das idyllische Rheinsberg. Sie necken, zanken, sie amüsieren und sie lieben sich – und das alles für damalige Verhältnisse unerhört offen. In unerreichter Leichtigkeit schildert Tucholsky die zärtlichen Stunden der zwei Verliebten, die sich mit ihrer ganz privaten, manchmal absonderlichen Liebessprache und in kleinen Gesten eine eigene Welt schaffen. »Ein Auge winkt/die Seele klingt/du hasts gefunden/nur für Sekunden.« Kurt Tucholskys Sehnsucht war es, ein bisschen Glück für ein Weilchen festzuhalten. Er nahm sich von der großen Menschheit ein kleines Stück, nannte die beiden Claire und Wolfgang und schickte sie aufs Land – ein melancholischer Genuss für Liebende und alle, die es einmal waren oder werden wollen.

»Viel passiert zu allen Zeiten / In der Welt der Kleinigkeiten. / Stimmt bald ernst und stimmt bald heiter. / So, nun blätt're bitte weiter.« Wer wollte sich dieser charmanten Aufforderung entziehen. Man kennt ihn als Humoristen von elementarer Komik, als Verfasser der moritatenhaften Seemannslieder *Kuttel Daddeldu,* doch hat sein Werk auch eine andere, eine zarte, schwermütige Seite: »Neben den spaßhaften Gedichten, in denen Ringelnatz den *risus interruptus* erfunden hat«, schrieb Kurt Tucholsky, »stehen jene Verse, die wir wohl alle lieben, weil sie unsere Melancholie enthalten, eine, deren man sich niemals zu schämen hat... Wie schön leuchtet ihm manchmal der Morgenstern! Das schadet nichts. Wenn es eine solche Welt gäbe! solches Land! solche Städte! Gut, dass dem nicht so ist. Denn dann gäbe es keinen solchen Ringelnatz.«

Eine magische Geschichte – schwebend zwischen Sehnsucht und Wehmut: Mit der Ankunft des stolzen bäurischen Augustin Meaulnes in der Schule von Sainte-Agathe bricht für seine Mitschüler, vor allem für den jüngeren François, eine Zeit zarter Träume und wilder Abenteuer an. Bei einer Hochzeitsfeier auf einem geheimnisvollen Schloss verliebt sich Meaulnes in die schöne und zerbrechliche Yvonne. Doch gleich nach der Feier verliert er sie aus den Augen – und als er sie nach langer Suche wiederfindet, haben er und seine Freunde sich bereits so sehr in ein Wechselspiel aus Liebe, Treue und Verrat verstrickt, dass es scheint, als könne Meaulnes nur noch dem Scheitern seiner Träume zusehen … »Ein Mensch aber, der einmal mit einem Fuß im Paradies gestanden ist, wie kann er sich nachher mit dem Leben abfinden, das gewöhnliche Sterbliche führen.«

Das Leben meint es nicht gut mit Philip Carey: Früh hat er seine Eltern verloren und ist mit seinem Klumpfuß ein gefundenes Fressen für die Hänseleien seiner Mitschüler. Genauso sehr leidet er unter der Engstirnigkeit seines puritanischen Onkels, bei dem er aufwächst. Mit scharfem Verstand und Sarkasmus setzt Philip sich zur Wehr. Doch erst als er die Schule beendet, kann er ausbrechen: Sein Weg führt ihn als Student nach Deutschland und als Möchtegernkünstler nach Paris, ehe er in London ein Medizinstudium beginnt. Dort lernt er die Kellnerin Mildred kennen. Diese obsessive Liebe, die den jungen Mann beinahe zerstört, ist Dreh- und Angelpunkt des fesselnden Bildungsromans, von dem W. Somerset Maugham sagte: »Ich habe alles, was ich wusste, hineingelegt.« Kein anderes seiner Werke ist so autobiographisch wie dieser moderne Klassiker.

Wer kennt sie nicht, diese Anfangszeilen: »Als Gregor Samsa eines Morgens aus unruhigen Träumen erwachte, fand er sich in seinem Bett zu einem ungeheueren Ungeziefer verwandelt.« Das revoltierende Unbehagen in Samsa – gegen seinen Beruf, seine Familie, seine Lebenssituation – hat sich eine äußere Gestalt geschaffen. Die Eltern und die Schwester ekeln sich nun vor Gregor und wollen ihn loswerden. Die weltberühmte Erzählung zog und zieht unzählige Interpreten mit zahllosen Ansätzen an. Doch ob psychologisch, soziologisch oder symbolisch, *Die Verwandlung* entzieht sich einer definitiven Deutung – wie es so oft für große Literatur gilt. Kafkas Erzählung ist, wie Hermann Hesse schrieb, »aus einem ganz besonderen, märchenhaften, seltenen Stoff, einem Spinnweb aus Spiel und blutigem Ernst, aus Traum und tiefster Bedeutung«.

Richard Hannay hat den größten Teil seines Lebens in den Kolonien verbracht. Seit drei Monaten langweilt er sich in London und legt ein Gelübde ab: Wenn die alte Heimat ihm bis zum nächsten Tag nichts Aufregendes bietet, nimmt er das nächste Schiff nach Kapstadt. Da stürmt ein amerikanischer Agent namens Franklin P. Scudder in seine Wohnung. Scudder bittet ihn um Hilfe und erzählt ihm von geheimen Plänen der Regierungen Europas und von einem großen, unterirdischen Unternehmen, das von gefährlichen Leuten gesteuert werde. Hannay beschließt, Scudder zu vertrauen – im nächsten Moment ist dieser mit einem Messer in der Brust auf den Fußboden genagelt. Schlagartig ist Hannay in Scudders Machenschaften verwickelt. Zur Polizei kann er nicht gehen, man würde ihn für den Täter halten. Eine atemlose Verfolgungsjagd beginnt.

»Wer sich der Malerei widmet, soll sich als Erstes die Zunge abschneiden.« Zum Glück hat Henri Matisse sich nicht an sein eigenes Diktum gehalten. In Essays und Gesprächen hat er Zeugnis abgelegt. Jede künstlerische Schöpfung beginnt für ihn mit dem Hinschauen: »Sehen ist ein schöpferischer Akt, der Anstrengung erfordert. Alles, was wir im täglichen Leben sehen, wird mehr oder weniger entstellt durch erworbene Gewohnheiten, durch eine Flut von fertigen Bildern. Diese Konfektionsbilder sind für das Auge das, was das Vorurteil für den Geist ist. Der Künstler muss das Leben so anschauen, wie er es als Kind getan hat. Wenn er diese Fähigkeit verliert, kann er sich nicht mehr auf originelle, das heißt persönliche Weise ausdrücken.« Dieser Sammelband vermittelt einen umfassenden Überblick über die ästhetischen Vorstellungen dieses großen Malers.

Dieses Lob des Spazierens ist auch eine Beschreibung von Walsers eigenem Tun, der gegen die Erwartungen seiner Zeit »nur« Skizzen aus dem Alltag schrieb: »Ohne Spazieren und damit verbundene Naturanschauung, ohne diese ebenso liebliche wie ermahnungsreiche Erkundigung fühle ich mich wie verloren. Höchst liebevoll und aufmerksam muss der, der spaziert, jedes kleinste lebendige Ding […] studieren und betrachten. […] Er muss jederzeit des Mitleids, des Mitempfindens und der Begeisterung fähig ein, und er ist es hoffentlich. Er muss in den hohen Enthusiasmus hinaufdringen, und sich in die tiefste und kleinste Alltäglichkeit heruntersenken und zu neigen vermögen, und er kann es vermutlich.« Zart sind diese Geschichten über die Sehnsucht nach Geborgenheit in der Natur und beim Menschen; Miniaturen, deren große Wahrhaftigkeit erst spät erkannt wurde.

»In den Geschichten geht es so her: Ein ganz verwickelter und böser Kriminalfall harrt seiner Lösung – niemand weiß aus noch ein. Da kommt ganz zufällig, gerufen oder ungerufen, der bescheidene, unauffällige und kleine Pater Brown dazu, ein Priester, ein Sohn der katholischen Kirche, kommt, sieht, schweigt und siegt. Dieser Sherlock Holmes ist katholisch – ich hätte nie geglaubt, dass Sellerie und Spargel nebeneinander möglich wären. Es schmeckt. Es schmeckt sogar sehr gut«, so Kurt Tucholsky. Pater Brown löst in seiner Freizeit Kriminalfälle und interessiert sich dabei weniger für irdische Gerechtigkeit als vielmehr dafür, wie er den Täter zu Gott führen kann. Wie es ihm gelingt, den größten Verbrecher seiner Zeit auszutricksen, indem er Zucker und Salz vertauscht, lesen Sie – neben neun weiteren Pater-Brown-Geschichten – in diesem Band.

Vordergründig passiert nicht viel – man feiert ein Gartenfest, lädt Freunde zum Essen ein, geht am Meer oder in einem Park spazieren, verschenkt ein Puppenhaus, begegnet sich in einem Café –, und doch erzählen diese Geschichten vom Drama des Lebens: von heftiger Liebe, die jäh enttäuscht wird, vom Glück und seiner Flüchtigkeit und von Einsamkeit. All das wird in einem Ton zartester Heiterkeit, scheinbar beiläufig geschildert. In *Der Kanarienvogel* erzählt eine einsame Frau vom Tod ihres Vogels, dem einzigen Wesen, das sie je geliebt hat. Nachdem sie diese Erzählung, ihre letzte, vollendet hatte, schrieb Mansfield: *»I cannot work, my spirit is nearly dead.«* Wenige Monate später starb sie, wie ihr großes Vorbild Anton Čechov, an Tuberkulose, mit nur 34 Jahren. Anthony McCarten nannte ihre Geschichten »so profund wie die letzten Worte einer Sterbenden«.

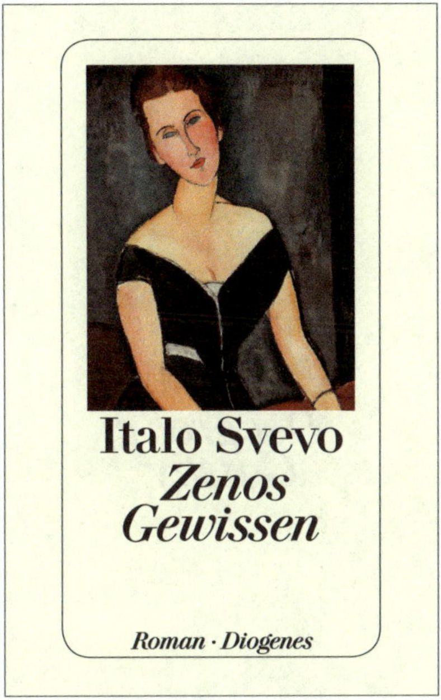

»Im Unterschied zu anderen Krankheiten ist das Leben immer tödlich«, sinniert Zeno Cosini. Allen Widrigkeiten sucht er mit Verstand und Witz (und Selbstbetrug) zu trotzen. Seine guten Vorsätze aber lösen sich immer wieder in Luft auf. So will er seit Ewigkeiten das Rauchen aufgeben: »Der Reigen der letzten Zigaretten, der mit zwanzig eröffnet wurde, dreht sich immer noch … Der Vorsatz ist nur weniger streng geworden, und meine Schwäche trifft in meinem alt gewordenen Gemüt auf mehr Nachsicht.« Die unattraktive Augusta heiratet er nur, weil ihre zwei Schwestern ihm in derselben Nacht einen Korb gegeben haben. Und das Beste daran: Er wird glücklich mit ihr. Vielleicht dank seiner Geliebten? »Das Leben ist weder hässlich noch schön. Es ist originell.« *Zenos Gewissen* ist eine grandiose Parodie auf die Psychoanalyse, noch bevor sie populär wurde.

New York, 1922. Auf seinem Anwesen in Long Island gibt Jay Gatsby rauschende Partys. Er hofft, mit seinem märchenhaftem Reichtum, mit Swing und Champagner seine verlorene Liebe zurückzugewinnen: die kapriziöse Daisy. Zu spät merkt er, dass er sich von einer romantischen Illusion hat verführen lassen. Schriftstellerkollegen wie T. S. Eliot und Edith Wharton erkannten sofort den Stellenwert von Fitzgeralds Roman, seinem kürzesten und sicherlich bedeutendsten. James Gatsby wurde zum Sinnbild des American Dream und von dessen Scheitern, zum Inbegriff von Aufstieg und Fall. Denn diese betörend sinnlich erzählte Geschichte über die Macht des Geldes und der Liebe endet böse – zuletzt ist alles verloren. Elegisch resümiert der Erzähler Nick Carraway: »So kämpfen wir weiter, wie Boote gegen den Strom, und unablässig treibt es uns in die Vergangenheit.«

Der Seemann Gerard Gale verpasst in den Kneipen Antwerpens sein Schiff, wird mittel- und staatenlos durch Europa gejagt und heuert schließlich in Barcelona auf der Yorikke an – einem jener schwimmenden Särge, die zum Untergang bestimmt sind, damit der Besitzer die Versicherungsprämie einstreichen kann. Eine Seemannsgeschichte, die mit der verlogenen Seefahrtsromantik aufräumt und stattdessen in unprätentiöser Sprache und mit sozialkritischem Gestus von Gewalt und Ausbeutung in der kapitalistischen Welt erzählt. B. Traven, der von Kurt Tucholsky als »großer Epiker!« gerühmt wurde, hat sich zeitlebens um die Verhüllung seiner Identität bemüht. Höchstwahrscheinlich war Traven identisch mit dem Münchener Revolutionär Ret Marut, der sich nur durch Flucht vor der Hinrichtung retten konnte und 1924 in Mexiko untertauchte.

Die Ehe von Sir Cifford Chatterley, einem Großgrundbesitzer, der im Ersten Weltkrieg zum Krüppel wurde, und der jungen, schönen Connie ist inhaltsleer geworden. Er steckt seine ganze Energie in ein Kohlebergbau-Unternehmen, und sie – die lebensfreudige Frau – verliert innerlich jeden Halt und kann sich doch nicht von ihm lösen. Ihre Begegnung mit dem Wildhüter Oliver Parkin, einem Mann aus einfachen Verhältnissen, verändert alles. Sie lernt die Leidenschaft kennen und beschließt, zu ihrer Liebe zu stehen und die Schwierigkeiten, die sich aus der unstandesgemäßen Liaison ergeben, auf sich zu nehmen. *Lady Chatterley's Lover*, hier in der zweiten und anerkanntermaßen besten Fassung, ist eine Verteidigung der Sinnlichkeit und Natur gegen Konventionen und Industrialisierung – der Roman einer Amour fou, die stärker ist als Standesgrenzen.

Eines Tages meldet Privatdetektiv Sam Spades Sekretärin die Ankunft einer neuen Kundin. Miss Wonderly ist groß und von geschmeidiger Gestalt; unter dem passend zur Augenfarbe gewählten blauen Hut quellen rote Locken hervor. Mit leiser Stimme bittet sie Spade um Hilfe, weil sie Angst vor einem gewissen Thursby hat. Noch am selben Abend taucht die erste Leiche auf. Sam Spade erfährt, dass Miss Wonderly – und nicht nur sie – hinter einer wertvollen Skulptur aus dem 16. Jahrhundert her ist: dem Malteser Falken. Als Sam Spade Ende der 1920er-Jahre die literarische Bühne betrat, war das eine echte Sensation, denn bis dahin kannte man vor allem vergeistigte Detektiv-Helden à la Sherlock Holmes. Wie anders dagegen Hammetts Sam Spade: ein hartgesottener Typ mit lockerer Faust, losem Mundwerk und einem sehr subjektiven Rechtsverständnis.

In der fiktiven Südstaatenlandschaft Yoknapatawpha County macht sich die Familie Bundren auf zum Begräbnis der Mutter Addie an den überschwemmten Ufern des Mississippi. Die Matriarchin hat sich gewünscht, im Familiengrab in Jefferson beigesetzt zu werden. Auf der Reise sind die Bundrens allerlei Feuerproben ausgesetzt, und der Leichenzug wird zu einer Prozession des Lebens in seiner ganzen anarchischen Vielfalt. Technisch virtuos fügt Faulkner in sechzig kurzen Episoden den Erzählfluss kaleidoskopisch aus den stets wechselnden Perspektiven der fünfzehn Figuren zusammen und verwebt die Reise der Bundrens mit der Selbstentdeckung der Beteiligten. Grotesk, absurd und doch voller Mitgefühl. Ein Klassiker des 20. Jahrhunderts und nach eigener Einschätzung William Faulkners bestes Werk.

»Ich sage nicht alles, aber ich male alles...« – Picasso ist der wohl bedeutendste, sicher aber vielseitigste Maler des 20. Jahrhunderts, ein Künstler, der sich unnachahmlich konsequent weiterentwickelte, seinen Zeitgenossen immer einen Schritt voraus. Und zuweilen hat er trotz aller Vorbehalte doch Auskunft gegeben, wie diese Sammlung von Aphorismen zeigt. Darin finden sich seine Gedanken über fast alles: über Autodidakten und Avantgarde, Schönheit und Liebe, die Freiheit und ihre Grenzen, Surrealisten und Impressionisten, Matisse und Cézanne, Form und Farbe, Raum und Bewegung, und natürlich auch über das Wesen der Kunst: »Wir wissen alle, dass Kunst nicht Wahrheit ist. Kunst ist eine Lüge, die uns die Wahrheit begreifen lehrt, wenigstens die Wahrheit, die wir als Menschen begreifen können.«

»Kriminalkommissar Maigret von der Ersten Mobilen Einsatztruppe hob den Kopf.« Mit diesem Satz beginnt der Roman, der den Ruhm seines Autors begründet. Er entstand 1929 im Hafen des holländischen Delfzijl an Bord von Georges Simenons Yacht Ostrogoth. Man kann sich vorstellen, wie der legendäre Kommissar vor dem innerem Auge des Autors erschien: »Habe ich ein, zwei oder sogar drei kleine Genever mit einem Schuss Bitter getrunken? Jedenfalls sah ich nach einer Stunde, ein wenig schläfrig, allmählich die mächtige, unbewegliche Statur eines Mannes sich abzeichnen, der mir einen rechten Kommissar abzugeben schien. Im Laufe des Tages gab ich ihm noch ein paar Requisiten: eine Pfeife, eine Melone auf dem Kopf, einen dicken Überzieher mit Samtkragen.« *Pietr der Lette* ist Maigrets erster Auftritt auf der Bühne der Weltliteratur. Ein Buch mit Kultstatus.

»Es war am vierten Mai 1905, als der Zeitreisende seine Fahrt in die Vergangenheit antrat. Ich war über seine Pläne genauer unterrichtet als Mr. Wells, da ich noch am Abend vorher mit ihm eine längere Unterredung gehabt hatte. Er beabsichtigte durchaus nicht, zu den Sauriern zu reisen.« Eine literarische Kuriosität von Gewicht, eine Hommage auf H. G. Wells und eine ironische Fortsetzung des ersten und berühmtesten Zeitreiseromans *Die Zeitmaschine.* Schließlich lässt dieser Sci-Fi-Klassiker einiges offen. Was wird aus dem Zeitreisenden? Kann die Maschine eigentlich in die Vergangenheit reisen? Und so richtig verstanden haben wir die physikalische Theorie hinter den Zeitreisen auch nicht. Der Wiener Tausendsassa Friedell schafft Abhilfe – mit viel Esprit und Charme. Allzu ernst nehmen sollte man aber lieber nichts in diesem Buch…

Mendel Singer ist »fromm, gottesfürchtig und gewöhnlich, ein ganz alltäglicher Jude«. Doch wie einst den biblischen Hiob, gefällt es Gott, ihn zu versuchen. Der eine Sohn wird zum Militär eingezogen, der andere flieht nach Amerika. Die Tochter lässt sich mit einem Kosaken ein, und der jüngste Sohn ist schwer krank. Und damit nicht genug … Mendel Singer nimmt Prüfung um Prüfung hin. Doch auch die Demut dieses großen Dulders ist irgendwann erschöpft, und er beginnt an Gott zu zweifeln. In einfachen Worten und frei von Rührseligkeit erzählt Roth die Leidensgeschichte des geplagten Dorfschullehrers; legendenhaft ist der Ton dieses Romans, von dem Lion Feuchtwanger sagte: »Wer sich von dem Buche rühren lässt, darf das mit gutem Gewissen tun; was ihn gepackt hat, war die legitime Wirkung reiner, großer Kunst.«

Als Babar noch ein kleiner Elefant ist, verliert er seine Mutter und kommt aus dem Urwald in die Stadt. Dort bewundert er mit großen Augen all die neuen Dinge, denen er begegnet, Häuser, Straßen, Autos, gutgekleidete Herren. Und dort trifft er die alte Dame, die ihm alle seine Wünsche erfüllt, er lernt rechnen, Autofahren und hat viele Freunde. Er trägt elegante, vornehme Kleider und bekommt Privatunterricht. Doch plötzlich begegnet er zwei ehemaligen Spielkameraden und bekommt Heimweh – jetzt kann ihn nichts mehr in der Stadt halten. Er beschließt, in den Urwald zurückzukehren. Kaum daheim angekommen, wird er, da der König der Elefanten eben verstorben ist, zum neuen König gekrönt. Er feiert Hochzeit und fliegt mit seiner jungen Frau in einem Ballon auf Hochzeitsreise. Ein Kinderbuchklassiker, der in keinem Kinderzimmer fehlen sollte.

Albert Einstein war nicht nur der größte Wissenschaftler seiner Zeit, sondern auch der berühmteste. Mehr noch: Er war ein eifriger Briefeschreiber. Diese Kombination macht das vorliegende Buch möglich. Es ist keine Biographie und erklärt nicht Einsteins Ideen. Es hat keine Kapitel, keine Inhaltsübersicht, kein Register und, auf den ersten Blick, keinen zugrundeliegenden Plan und keine Gliederung. Es besteht zum größten Teil aus Zitaten aus zuvor unveröffentlichten Briefen und Zeugnissen, die Einstein ohne Gedanken an eine Publikation schrieb. Dennoch sind sie wunderbar lesbar, unterhaltsam und eindrücklich, und zeigen neben dem Wissenschaftler den grandiosen Briefschreiber und den Menschen Einstein, der selbstironisch meinte: »Wenn alle Leute so lebten wie ich, wahrlich, die Romanschriftstellerei wäre dann niemals auf die Welt gekommen.«

»Als Sie mich baten, eine Auswahl von Gedichten [...] zusammenzustellen, äußerten Sie den Wunsch, ich möge jene auswählen, die wegen ihrer Spontaneität und Einfachheit einer breiteren Leserschicht zugänglich wären. [...] Hier finden Sie also etwas von dem, was ich augenblicklich für das Einfachste und Spontanste meines langen, jugendlichen, dichterischen Werkes halte...«, schrieb Jiménez 1914 an seinen Verleger. Genau solch eine Auswahl präsentiert dieser Band – noch bereichert durch Zeichnungen von Henri Matisse – auf Spanisch und Deutsch. Der Übersetzer Hans Leopold Davi sagte: »Dichtung heißt für Jiménez, den ›genauen Namen der Dinge‹ finden. Dies setzt voraus: Zucht, Maß, Askese, Konzentration. Gedanke und Gefühl werden eins. Es war ein stetes, zähes Ringen um den endgültigen, unverrückbaren Ausdruck.«

Seine Novellen erzählen von vermeintlich unspektakulären Ereignissen aus dem Alltag gewöhnlicher Menschen: eifersüchtiger Ehefrauen, betrogener Ehemänner, geiziger Bauern, gerissener Advokaten, ehrgeiziger Politiker und ausgebeuteter Arbeiter; Figuren, die auf eine sachte nahende, unausweichliche Wende hinleben. Hochpräzise und mit Herzblut geschrieben, ist der Ton dieser Erzählungen oft tragikomisch, manchmal resignativ: »Das Leben ist ein recht trauriges Possenspiel«, erklärte Pirandello. »Ohne zu wissen, wieso und woher, sind wir ständig gezwungen, uns aus eigenem Antrieb mit der Erfindung einer Wirklichkeit zu betrügen, die sich von Zeit zu Zeit als eitel und illusorisch erweist. Wer das Spiel verstanden hat, vermag sich nicht mehr zu betrügen; wer sich jedoch nicht mehr zu betrügen vermag, der kann weder Geschmack noch Freude am Leben mehr finden.«

›Miss Lonelyhearts‹ ist der Briefkastenonkel einer New Yorker Zeitung, der im Zeitalter gestörter Kommunikation für neue Abonnenten sorgen soll. »Haben Sie Sorgen? Brauchen Sie Rat? – Schreiben Sie Miss Lonelyhearts!« Aber ›Miss Lonelyhearts‹ ist als Seelsorger des modernen Amerika schlecht geeignet. Zum Zyniker fehlt ihm die Unmenschlickeit, zum Wahnleben die gesunde Dummheit. Er hasst seinen Job und sucht Erlösung in der Religion, stürzt sich in Affären, wird zum Trinker – bis er selbst reif für ›Miss Lonelyhearts‹ ist. Nathanael West – mit Ambrose Bierce und Ring Lardner einer der schärfsten Satiriker der amerikanischen Literatur – hat diesen Roman fünfmal umgeschrieben und eine grausame Parodie auf die seelenlose Erfolgsgesellschaft destilliert, immer noch brillant, exakt und wild.

Alix wohnt mit ihrem Mann Gerald Martin in der Villa Nachtigall, einige Kilometer vom nächsten Dorf entfernt. Das frisch verheiratete Paar kannte sich vor der Hochzeit kaum einen Monat: Es war Liebe auf den ersten Blick. Alix ist überglücklich und hat ihre langjährig schwelende, ungelebte Liebe zu einem anderen Mann vergessen. Bis zu dem Tag, als sich merkwürdige Zufälle häufen. In Geralds Terminkalender sind seltsame Einträge zu finden, und der Gärtner weiß Dinge, die ihr Mann ihr zu verheimlichen scheint. Plötzlich wird Alix aufs Schrecklichste bewusst, dass sie Gerald so gut wie gar nicht kennt… So beginnt eine von sieben Kurzgeschichten der Crime-Lady, die von sich selber sagt: »Meine Spezialität sind ruhige Morde von häuslichem Interesse.« Anregendes und spannendes Fitnesstraining für des Lesers ›graue Zellen‹.

»Ich brauch weniger die Tatsachen als die Luft, in der die Leute gelebt haben… So die kleinen Sächeli, auf die niemand achtgibt und die dann eigentlich den ganzen Fall erhellen.« Der Berner Wachtmeister Studer ist kein analytischer Ermittler, er verlässt sich lieber auf sein Gefühl. Behäbig und fast ein wenig bockig steckt er sich die Brissago in den Mund und denkt sich das Seine zum Fall. Wachtmeister Studer spürt in seinen Fällen mehr als nur einen Mord auf. Er findet das Unsagbare in einer Gemeinschaft, in der etwas von Grund auf faul ist, in der unschuldige, arme Schlucker für die Verdorbenheit der Wohlgemästeten, Reichen bezahlen müssen. »Bei Friedrich Glauser lag alles im Gemüt. Sein Anliegen war die Menschlichkeit der Polizei, sozusagen das Väterliche der Fahndung und des Strafvollzugs« (Emil Gerber).

Ein Außenseiter, der aus den Kolonien zum Studium der Rechte in die Metropole gekommen war, wurde Ambroise Vollard einer jener großen Pariser Kunsthändler, die der Moderne den Weg bereiteten. 1895 stellte er in seiner Galerie erstmals Bilder von Cézanne aus, was zunächst einen Skandal zur Folge hatte. Doch bald wurde die ›Boutique‹ zu einem Zentrum des Kunstlebens. Vollard wurde von Bonnard, Cézanne, Denis, Renoir, Picasso, Rouault und Dufy porträtiert. 1895 veröffentlichte er eine Sammlung von Lithographien Toulouse-Lautrecs, Bonnards und Vallottons, und entfaltete von diesem Augenblick an eine glanzvolle verlegerische Aktivität auf dem Gebiet der Buchillustration. Dieser Ausgabe ist eine vollständige Bibliographie der grafischen Blätter, Bücher und Bronzen beigefügt, die Vollard veröffentlichte oder deren Herausgabe er geplant hatte.

Ein junger Lehrer verzweifelt an der Skrupellosigkeit seiner Schüler und muss feststellen, dass auch er selbst nicht frei von Schuld ist. Als er schließlich in einen Mordfall verwickelt wird, kann er sein Gewissen nicht länger verleugnen… Wie Fred Uhlman in *Der wiedergefundene Freund* und Alfred Andersch in *Der Vater eines Mörders* erkundet Horváth in seinem Meisterwerk die Geburt des Faschismus aus dem Ungeist deutscher Schulen im frühen 20. Jahrhundert – und erzählt zugleich eine packende Kriminalgeschichte, die in den Bann schlägt. Er selbst sah seinen Roman auch als Mahnung an die Nachgeborenen: »Aus den Schlacken und Dreck verkommener Generationen steigt eine neue Jugend empor. Der sei mein Buch geweiht. Sie möge lernen aus unseren Fehlern und Zweifeln. Und wenn nur einer dieses Buch liebt, bin ich glücklich!«

O'Flaherty, der »irische Zola«, zeichnet ein herb-realistisches Bild Irlands im 19. Jahrhundert. Die wirtschaftliche Lage der Insel hängt noch ausschließlich von der Kartoffelernte ab, und die Grundbesitzer, die in England leben, beuten das Land gnadenlos aus. Die ›Große Hungersnot‹ bricht aus, als die Kartoffelpest die Ernte mehrerer Jahre vernichtet und die Bevölkerung fast um die Hälfte dezimiert. Da die Pacht trotzdem abgeliefert werden soll, kommt es zum Aufstand. O'Flaherty rekonstruiert die furchtbaren Ereignisse der Hungerjahre, wie sie seine Hauptgestalten erlebt haben: die Pächterfamilie Kilmartin, ein katholischer und ein protestantischer Geistlicher, ein Landarzt und der englische Gutsverwalter Chadwick. Ein lebensechter historischer Roman und ein erschütterndes Porträt der Landsleute O'Flahertys und seiner Heimat Irland.

»Ich bin nicht Sherlock Holmes oder Philo Vance. Ich schnüffle nicht, nachdem die Polizei schon da war, nochmals am Tatort rum, um 'ne zerbrochene Füllfeder aufzulesen und 'nen Fall drauf aufzubauen.« Philip Marlowe ist neben Hammetts Sam Spade der Prototyp des *hardboiled detective.* Der einsame, zynische, hartgesottene Asphalt-Cowboy lässt sich nicht in seiner Auffassung der Dinge beirren. General Sternwood, ein alter, invalider Kapitalist, bestellt ihn zu sich, um ihm den Fall um die Erpressung einer seiner beiden Töchter anzuvertrauen. Doch bald begreift Marlowe, dass die zwei jungen, schönen und verdorbenen Frauen, die nach Aussage ihres Vaters »weniger Moral als eine Katze« haben, richtig tief im Schlamassel stecken. Und in der Unterwelt von Los Angeles treiben sich in letzter Zeit ein paar sehr rauhe Gesellen herum …

Sean O'Casey war ein unbequemer Kopf, ein Rebell mit angeborenem Gerechtigkeitssinn. Er kam 1880 in einer kinderreichen protestantischen Familie in den Slums von Dublin zur Welt, von klein auf gequält von einer Augenkrankheit, die ihn aber nicht daran hinderte, mit dreizehn Jahren trotzdem Lesen und Schreiben zu lernen. Der Autodidakt arbeitete als Kerzenmacher, Dockarbeiter, Lastenträger und Steinbrecher, dann auch als Lehrer für Irisch, politischer Journalist, Poet, Balladendichter und Schauspieler. Bekannt wurde er als Dramatiker, insbesondere mit seiner Trilogie zum irischen Befreiungskampf und Bürgerkrieg, in der er gegen Hurrapatriotismus, Brutalität und Nationalismus anschreibt. *Ich klopfe an* gehört zu den schönsten Autobiographien der Weltliteratur – eine dichte, pulsierende Lebensgeschichte.

Tief im Süden, in einer kleinen Stadt in Georgia, scheint inmitten der Sommerhitze und des Surrens der Baumwollspinnereien die Zeit erstarrt – wie die Träume ihrer Bewohner. Da ist Mick, ein Mädchen, das den Kopf voll klassischer Musik hat; doch im Elternhaus dreht sich alles nur ums Geld, das zum Leben nicht reicht. Oder Jake Blount, der von der Revolution träumt – nur trinkt er und neigt zu Gewaltausbrüchen. Und da träumt auch Dr. Copeland, ein farbiger Arzt, vom Ende der Unterdrückung der Schwarzen – und verzweifelt schließlich. Im Café New York treffen sich diese Außenseiter, die unterschiedlicher nicht sein könnten. Halt und Vertrauen gibt ihnen John Singer, der hier täglich sein Abendessen einnimmt. Er hört ihnen zu, versteht sie und spendet ihnen Trost – obwohl er taubstumm ist. Carson McCullers' erstaunlicher erster Roman.

Der Fotojournalist Jeff sitzt wegen eines Beinbruchs zu Hause im Rollstuhl. Er langweilt sich und wird zum klassischen Voyeur. »Was hätte ich denn tun sollen, einfach nur dasitzen, die Augen fest geschlossen?« Tag und Nacht beobachtet er, was die Nachbarn in den Wohnungen rings um den Hinterhof treiben. Keine besonderen Vorkommnisse. Dann geschehen seltsame Dinge. Eine Frau von gegenüber ist verschwunden. Waren das Leichenteile, die ihr Mann in einem Koffer fortgetragen hat? Obwohl Jeff Angst bekommt, als der mögliche Mörder ihn mit kaltem Blick fixiert, wagt er nicht, die Polizei zu rufen. Woolrich, ein Meister düsterer Krimis, versetzt seine Leser in diesen Storys in Hochspannnung. Viele von ihnen dienten als Filmvorlagen, die berühmteste, *Das Fenster zum Hof*, wurde 1954 von Hitchcock mit James Stewart als Freizeitschnüffler verfilmt.

»Immer sind Millionen Menschen innerhalb eines Volkes nötig, damit ein Genius entsteht, immer müssen Millionen müßige Weltstunden verrinnen, ehe eine wahrhaft historische, eine Sternstunde der Menschheit in Erscheinung tritt.« 14 Miniaturen sind hier versammelt, 14 historische Schlüsselmomente. In ihrem Zentrum: ein genialischer Mensch. Von großen Errungenschaften erzählt Zweig: der Entstehung von Händels *Messias,* der Entdeckung des Pazifiks durch Balboa, und von großen Niederlagen: wie Robert Scott »nur« als Zweiter am Südpol anlangt, wie Marschall de Grouchy sein Waterloo erlebte. Aber auch davon, wie aus einem Verlust Großes entstehen kann: die *Marienbader Elegie* zum Beispiel, eines der schönsten Liebesgedichte überhaupt, das wohl kaum existierte, wenn die 19-jährige Ulrike von Levetzow den alten Goethe erhört hätte.

Ein deutscher Offizier nimmt während der Besetzung Frankreichs bei einem alten Mann und seiner Nichte Quartier. Während der Deutsche jeden Abend über die Zukunft der deutsch-französischen Freundschaft monologisiert, schweigen seine Quartiersgeber – wie das Meer. Die Originalausgabe von *Das Schweigen des Meeres* erschien 1942 als erster Titel des legendären Untergrundverlags Éditions de Minuit, die Erzählung wurde zu einem maßgeblichen Werk der Résistance. Sie gehört zu den Büchern, die während der Okkupation, als das Lesen noch helfen sollte, mit Fallschirmen über dem besetzten Frankreich abgeworfen wurden – Flugbücher für die Menschen vom Land. Ein eindringliches Dokument des französischen Selbstbewusstseins und ein einfühlsames Stück Literatur über die Einzigartigkeit menschlicher Begegnung in einer finsteren Zeit.

New York. Nacht. Ein Mann und eine Frau gehen die Fifth Avenue entlang. Betreten eine Bar. Kommen heraus, gehen weiter, als hätte diese Nacht kein Ende. Er weiß nichts über sie, sie weiß nichts über ihn. Sie ist weder jung noch schön. Er ist ein Schauspieler, dessen Ehe und Karriere am Ende sind. Sie haben sich vor wenigen Stunden in einem Café kennengelernt – zwei Schiffbrüchige. Allein schon der Gedanke, dass etwas sie trennen könnte, ist ihnen unerträglich. Doch wie kann man in dem zeitlosen Raum bleiben, den man Liebe auf den ersten Blick nennt? Zwei verlorene Seelen in Manhattan – einsam, verzweifelt – finden unverhofft die große Liebe. Simenons einziger Liebesroman mit Happy End: einer der schönsten Liebesromane des 20. Jahrhunderts, weil die Liebe und das große Geheimnis, das sie umgibt, selten so brutal und aufrichtig beschrieben wurden.

»Eine unbekannte Welt tut sich auf, wenn man den Heiligen begegnet. Der menschlichen Sprachen fehlen die Worte, um deren Größe zu umschreiben«, schreibt Walter Nigg, der es trotzdem gewagt hat: Auf 544 Seiten versucht er, dem Geheimnis der Heiligen auf die Spur zu kommen, indem er elf von ihnen beschreibt: von Franz von Assisi, Jeanne d'Arc und Teresa von Avila, Johannes vom Kreuz bis zu Therese von Lisieux. Nigg zitiert auch Pascal: »Die Heiligen haben ihr eigenes Reich, ihren Glanz, ihre Siege, ihre Herrlichkeit.« Sein Buch, erstmals 1947 erschienen, hat bis heute nichts von seinem Glanz eingebüßt. Es ist eine herrliche Lektüre und ein Klassiker der Heiligenbeschreibung geblieben, vielleicht weil Nigg als Reformierter die nötige Distanz zum Thema hatte, vor allem aber, weil er nicht nur Theologe war, sondern auch Schriftsteller und ein begnadeter Erzähler.

Eine Literaturgeschichte von 1948 ist veraltet, nichts ist trockener als Werke von Literaturwissenschaftlern. Bei Walter Muschg und seiner *Tragischen Literaturgeschichte* stimmen diese Vorurteile nicht. Denn sein Ansatz ist einmalig und zeitlos aktuell: Muschg spürt dem tragischen Urgrund aller Dichtung nach und beantwortet die Frage: Was macht einen Menschen zum Künstler? »Das Wort ›tragisch‹ will auch als menschlich verstanden werden. Das Menschliche ist der einzige Gedanke, an den wir die Dichtung ehrlicherweise noch anknüpfen können.« Anhand von Beispielen aus der Weltliteratur entsteht eine Galerie großer Geister und ihrer Werke vor dem Hintergrund ihrer persönlichen Tragödien. Dabei erzählt Muschg so anschaulich, fern aller bloßen Aufzählung und leeren Theorie, wie man es sonst nur aus Egon Friedells *Kulturgeschichte* kennt.

Dennis Barlow, als Engländer ein Außenseiter in Hollywood, als Literat erfolglos und verbittert, wird aus seiner Filmproduktionsfirma entlassen und kümmert sich fortan um die Bestattung von Tierkadavern. Dass sein neuer Job seinen britischen Landsleuten missfällt – sie fürchten eine kollektive Rufschädigung –, ist ihm herzlich egal. Bald verliebt er sich in Aimée, Kosmetikerin in den ›Flüsternden Hainen‹, dem Bestattungsinstitut für Berühmte, Reiche und Schöne. Für die letzte große Show wird hier kein Aufwand gescheut. Dennis bezirzt seine Schöne mit geliehenen Gedichten aus der Heimat. Doch auch Mr. Joyboy, Guru der Leichenkosmetik, buhlt um ihre Gunst. Die Kulissenstadt und ihre Angestellten spielen ihre Rollen glänzend in dieser bissig-makabren Satire, die sowohl den ›American way of life‹ als auch die Vertreter der alten Welt parodiert.

Die Frage nach dem Glück ist so alt wie die Menschheit. Die Schulphilosophie hat nur aufgehört, sie zu stellen. Dabei ist das Streben nach Glück die eigentliche Beschäftigung des Menschen. Ludwig Marcuse erzählt Geschichten von dieser Suche: von Hiob, von Hans im Glück, von Salomon, Seneca und Schopenhauer; von Marx, Tolstoi, Robert Owen und von Epikur … und schreibt: »Es gibt Sehnsüchte, die nicht altern. Sie werden höchstens einmal, von Zeit zu Zeit, unmodern – und dann wieder, von Zeit zu Zeit, modern. Zu diesen ewig jungen Uralten gehört das Glück. […] Wer glaubt, ein sinnloses Leben nicht führen zu können, soll sich umbringen. Sinnlos bedeutet: ohne einen dauernd schützenden Sinn. Momentane Glücks- und Seligkeitspartikelchen gibt es genug. Der Mensch muss lernen, bescheidener zu werden.«

»Ein Gedicht schreiben/ohne Ballast« – Das war Rainer Brambachs erklärtes Ziel, und er hat es erreicht. Sein Œuvre umfasst nur 140 Gedichte: ausgelassene Kneipenlieder, zarte Liebeserklärungen und Naturlyrik: »Das blaue Band, wie Mörike es sah,/ flatternd in den Lüften, Wo?/Ich sehe einen Kondensstreifen,/ quer über den Himmel gezogen.« Brambach verweist auf Mörike oder Poe und zitiert Hölderlin – er kennt die Tradition, in der er steht. Doch hält die Natur bei ihm keine versteckten Botschaften mehr bereit. So wird auch der Gärtner – als der Brambach selbst gearbeitet hat – »niemals erfahren,/was der Nussbaum verschweigt,/der am Nachmittag fallen muss«. Ein unverkitschtes Verhältnis zur Natur offenbart sich in diesen Versen, unprätentiös kommen sie daher, und doch leuchtet das Alltägliche im Werk dieses Lyrikers, der jenseits aller Moden stand.

Teddy, der kleine Sohn der Farquars, wird von einer Baumschlange angespien und droht zu erblinden. Sofort rennt der schwarze Koch Gideon in den Busch, um ein Gegenmittel zu besorgen. Seine Heilkunst ist die einzig wirksame – Teddy kann wieder sehen. Die Geschichte dieser Heilung macht schnell die Runde. Bald taucht ein Wissenschaftler auf, der Gideon nach dem Rezept befragt, doch »der Zauber ist nicht verkäuflich«. Doris Lessing wuchs in Südrhodesien (heute Simbabwe) als Tochter eines britischen Kolonialoffiziers auf. Ihre Geschichten berichten pointiert, sozialbewusst und mit großer Geduld von den leisen Katastrophen und dem lärmigen Nebeneinander der Schwarzen und Weißen. Aus der Perspektive einer Betroffenen kommt das brüchige Selbstbewusstsein einer Schicht ins Bild, die das schlechte Erbe des Kolonialismus schlecht verwaltet.

Dass Wilbur überhaupt auf der Welt ist, hat er Fern zu verdanken – er war ein sehr schwaches, kleines Baby, und sie hat ihn mit der Flasche großgezogen. Als er später an einen Bauern verkauft wird, kommt Fern täglich zu Besuch. Auf dem Bauernhof Freunde zu finden ist gar nicht so einfach, und Wilbur muss einiges an Enttäuschungen hinnehmen, bis er sie findet – die Spinne Charlotte. Die beiden sind ein ideales Paar – und eben jeder nicht mehr allein: Wo Wilbur voll freudigem Tatendrang und manchmal zu ungestüm ist, bewährt sich Charlottes Vorsicht und Klugheit – sie ist der Kopf im Team, Wilbur ihr körperlich überlegen. Gemeinsam erleben sie allerhand Abenteuer und Aufregungen. Freundschaftsgeschichten sind nie out und verjähren nie, und so ist die 1953 zum ersten Mal erschienene Geschichte nach wie vor ein echter Kinderbuchklassiker.

Wer würde dem behäbigen, gutmütigen Deputy Sheriff Lou Ford zutrauen, ein eiskalter Killer zu sein? Er trägt ja nicht einmal einen Revolver. Die meisten Bewohner von Central City wissen allerdings nichts von seinem Geheimnis. Einem traumatischen Erlebnis, das ihn unberechenbar macht. Vor allem im Umgang mit Frauen kommt der Psychopath in ihm zum Vorschein. Als sich die Mordfälle in der Umgebung mehren, zieht sich die Schlinge immer enger um Lous Hals zusammen… Zarten Naturen sei abgeraten: Die Gewalttaten sind so detailliert geschildert, dass einem das Blut in den Adern gefriert. Ein Noir-Klassiker, erzählt aus der Perspektive eines Serienmörders mit Geist und Witz. So sagt er einmal über das Wesen des Bösen: »Ein Unkraut ist nichts anderes als eine Pflanze am falschen Platz.« Von Moral kann hier keine Rede sein…

Die rabenschwarzen Zeichnungen über eine lasterhafte Mädchenschule machten Searle in England schlagartig bekannt: Da wird ein Mädchen auf einer Streckbank von ihren Mitschülerinnen malträtiert, eine Hexe fliegt als neue Chemielehrerin ein, und Accessoires wie Maschinenpistolen, Alkohol und Zigaretten stehen hoch im Kurs. *Rather shocking – highly amusing.* Daniel Keel, ein junger Buchhändlergehilfe aus Zürich, entdeckte die fiesen Mädchen in einer Londoner Buchhandlung und machte sich auf die Suche nach einem deutschen Verlag. Doch keiner traute sich. Zum Glück! Denn sonst gäbe es keinen Diogenes Verlag. 1952 veröffentlichte Daniel Keel das erste Diogenes Buch – mit einem Vorwort von Friedrich Dürrenmatt, der 26 Jahre später Diogenes Autor werden sollte. Und das Lämpchen glüht noch immer im Diogenes Verlag!

Bei Fahrenheit 451 beginnt Papier zu brennen. In dem Staat, den Ray Bradbury in eine nahe Zukunft projiziert, ist die Feuerwehr nicht mehr mit Wasserschläuchen ausgerüstet, sondern mit Flammenwerfern, die genau diesen Hitzegrad erzeugen, um die letzten Zeugnisse individualistischen Denkens – die Bücher – zu vernichten. Da begegnet der Feuerwehrmann Guy Montag eines Tages dem sonderbaren Mädchen Clarisse, die ihm vom Tau auf dem Gras und dem Mond erzählt – und vom Glück. Und der Feuerwehrmann beginnt, sich Fragen zu stellen… Die beängstigende Geschichte von einer Welt, in der das Bücherlesen mit Gefängnis und Tod bestraft wird, ist ein zeitloses Plädoyer für das freie Denken. »Wenn man dir liniertes Papier gibt, schreibe quer über die Zeilen«, lautet das Motto von Juan Ramón Jiménez, das Ray Bradbury diesem Roman vorangestellt hat.

Nur knapp war George Orwell 1937 den Agenten Stalins im Spanischen Bürgerkrieg entkommen. Zurück in London beschäftigte ihn die Frage, wie eine genuin revolutionäre Bewegung unter die Kontrolle eines Diktators geraten konnte. Anfang 1944 beendete er *die* Fabel des 20. Jahrhunderts, seine Parabel *Farm der Tiere.* Doch die Veröffentlichung erwies sich als schwierig: Die meisten Verleger fürchteten, dass jede Kritik an den Sowjets den Nazis »in die Hände spiele«. Im Juni 1944 wäre das Manuskript dann beinahe einem deutschen Luftangriff zum Opfer gefallen: In den Trümmern seiner Wohnung entdeckte Orwell sein Manuskript, ramponiert, aber noch lesbar. Seine letzte Hoffnung war der Verleger Frederic Warburg, der sofort zusagte – trotz knappem Papierkontingent. *Farm der Tiere* wurde einer der größten Bestseller der Literaturgeschichte.

R(onald) F(rederic) Melf ist einer der bedeutendsten Romanciers seiner Zeit. Im späten Herbst – genauer gesagt: am achtzehnten November jedes zweiten Jahres – beginnt Melf mit einem neuen Roman. Edward Gorey beschreibt und zeichnet in *Eine Harfe ohne Saiten* die Mühsal des schöpferischen Prozesses und die Qualen, die ein Autor erleiden muss, bis aus einem Titel, für den mitunter noch gar kein Stoff existiert, ein Manuskript wird und sogar ein fertiges Buch; er erzählt von den Schwierigkeiten im Umgang mit solch weltlichen Institutionen wie Verlag und Buchhandel, von den postnatalen Depressionen ganz zu schweigen. *Eine Harfe ohne Saiten oder Wie man Romane schreibt* ist eine Art frühe Graphic Novel über einen mit kleinen exzentrischen, aber liebevollen Launen ausgestatteten, Novellisten.

Den Stoff zu seinen Erzählungen findet er in seinen präzisen und doch distanzierten Erinnerungen an die Zeit zwischen Kindheit und Reife. Nach dem frühen Tod seiner Mutter wurde der Sohn einer russisch-jüdischen Immigrantenfamilie von der Cousine seines Vaters adoptiert und verbrachte seine schwierige Kindheit in einem tristen Vorort von St. Louis / Missouri. »Es gibt da eine gewisse Schattierung roter Ziegel – ein dunkles, fast melodisches Rot, düster und von Blau durchzogen – das ist meine Kindheit in St. Louis.« So beginnen die als autobiographisch zu bezeichnenden Erzählungen, in denen Harold Brodkey mit Humor, Sensibilität und genauer Beobachtungsgabe von jungen Leuten, ihren Gefühlen, Wünschen und ›anderen Sorgen‹ erzählt. Zur Darstellung subtiler Erfahrungen genügt ihm die eindringlich realistische Schilderung des Alltags.

In seinen ersten Lebensjahren wird Christy Brown wegen seiner fast völligen Lähmung für zurückgeblieben erklärt. Nur seine Mutter glaubt felsenfest daran, dass sein Körper zwar zerrüttet, aber sein Geist hellwach ist, und kann verhindern, dass er in eine Irrenanstalt gesteckt wird. Und eines Tages ist der erlösende Beweis da: Christy langt mit seinem linken Fuß nach einem Stück Kreide und kritzelt einen Buchstaben auf den Boden. Hartnäckig bringt er sich das Alphabet und immer mehr Wörter bei und bahnt sich einen Weg aus der kommunikativen Isolation. Geboren in eine kinderreiche Arbeiterfamilie in Dublin, ist dies nicht die einzige Schwierigkeit, mit der Christy und seine Mutter zu kämpfen haben. Eine wahre Lebensgeschichte, die trotz der schweren Krankheit des Autors übersprudelt vor Humor und Lebensenergie.

Über Miss Judith Hearne wachen die Bilder zweier Antlitze: ein farbiger Herz-Jesu-Öldruck und das Bild der verstorbenen Tante, die Miss Hearne bis zu deren Tod pflegte. Sie lebt seit Kurzem in ihrem möblierten Zimmer in einem heruntergekommenen Viertel Belfasts, spricht liebevoll mit ihrem Spiegelbild und besitzt kaum etwas – nur viel Zeit, ihre Einsamkeit und einen letzten Rest Hoffnung auf die große Liebe. Als sich unter den Hausbewohnern Mr. Madden einfindet, der soeben aus Amerika zurückgekehrt ist, kann sich Miss Hearne ihrer Tagträume kaum mehr erwehren… Eine zarte, sensible Geschichte über eine Frau, die all ihren Mut und Stolz zusammennimmt, um ein letztes Mal nach dem Leben zu greifen; eine Geschichte über die Verlorenheit und Gottverlassenheit der Menschen, traurig und humorvoll zugleich.

»Die Menschlichkeit, meine Herren, ist für die Börse der Millionäre geschaffen, mit meiner Finanzkraft leistet man sich eine Weltordnung. Die Welt machte mich zu einer Hure, nun mache ich sie zu einem Bordell. Wer nicht blechen kann, muss hinhalten, will er mittanzen.« Die alte Claire Zachanassian kehrt als Multimillionärin in ihr völlig verarmtes Herkunftsdorf Güllen (der Name ist Programm) zurück, um sich an Alfred Ill zu rächen. Der hat sie als junger Mann geschwängert und sitzengelassen, worauf sie, zur Prostitution gezwungen, in die Welt hinausging und dort zu ihren Millionen kam. So ermächtigt, tritt sie als reiche Frau in Güllen auf und verspricht den Bewohnern immense Schenkungen, wenn Ill getötet werde. Mit einem siegessicheren »Ich warte!« zieht sie sich ins Hotel zurück, während die Moral der Bürger ins Wanken gerät…

Ein von Huckleberry Finn träumender Junge, ein todkranker, leidenschaftlicher Pfarrer, eine großbürgerliche Jüdin, ein desillusionierter Kommunist und ein sturer Fischer, der seine geisteskranke Frau liebt, treffen 1937 im norddeutschen Hafenstädtchen Rerik aufeinander. Gemeinsam ist ihnen nur das Ziel, Deutschland verlassen zu wollen. Die Geschichte windet sich, abwechselnd erlebt aus je einer der fünf Perspektiven der Protagonisten, immer enger um ihr Zentrum: um die Skulptur *Der lesende Klosterschüler* von Ernst Barlach, die nach Skandinavien in Sicherheit gebracht werden soll. In den nur 27 Stunden, in denen die Handlung spielt, spitzt sich die Situation der vor »den Anderen« Flüchtenden immer mehr zu. Fünf Figuren, fünf Sprachfarben, fünf Blickwinkel, fünf Stränge, die sich zu einer eindrucksvollen Geschichte verweben.

Kindheitserinnerungen, Erzählungen seiner Eltern und lückenhafte Berichte von Jägern wecken im jungen Laurens van der Post den Wunsch, eine abgeschieden lebende Gruppe von Buschmännern aufzuspüren. Der Buschmann, wie er in diesen Erzählungen auftritt, ist ein kleiner Mensch von kräftigem Wuchs, aber mit fein modellierten Händen und Füßen. Er jagt Elefantenbullen, Rhinozerosse und benützt Löwen als Jagdhunde; sogar Giraffen weiß er zu überlisten. Doch das Bemerkenswerteste an ihm ist seine Originalität. Weil der Buschmann zu van der Posts Geburtsland gehört, »wie kein anderes menschliches Wesen jemals zu ihm gehört hat«, fühlt sich der Autor zeitlebens stark zu dieser mythischen Figur hingezogen. Doch erst als Erwachsener, begleitet von eingeborenen Helfern, dringt van der Post erstmals in die Wüstensteppe der Kalahari ein.

Einer, der Geschichte erzählt, wie man Geschichten erzählt… »Dass ich im Grunde ja doch zum Schriftsteller bestimmt war, sei es auch nur zum historisierenden, ein wenig philosophierenden, verbarg ich mir manche Zeit; unbewusst wohl darum, weil ich meinem Bruder Klaus nicht ins Gehege kommen und weil ich den Tod meines Vaters abwarten wollte.« 1956, ein Jahr nach dem Tod Thomas Manns, begann Golo Mann mit der Niederschrift seiner *Deutschen Geschichte.* Engagiert und bildhaft erzählt er darin vor allem eine Geschichte des deutschen Geistes, angefangen in der Zeit der Französischen Revolution über den Aufstieg und Fall Preußens, die Schüsse von Sarajewo bis hin zum Nazistaat. Von theoretischen Überbauten hielt Mann nichts, was ihm viele seiner akademische Kollegen vorhielten. Die Leser aber waren begeistert. Das Buch wurde sofort ein Bestseller.

Colin Smith ist nicht zu fassen... Der Siebzehnjährige sitzt nach einem Einbruch in eine Bäckerei in der Besserungsanstalt. Dort trainiert er täglich Langstreckenlauf für ein großes Sportfest: Er soll den Pokal für die Anstalt gewinnen. Der Direktor der Anstalt will sich im Gegenzug um seine Zukunft kümmern. Doch Colin traut ihm nicht über den Weg. Dieses Buch erzählt von einem stolzen jungen Mann und dem Triumph des Einzelnen über falsche Autoritäten. Mit seinem *Langstreckenläufer* schrieb sich Alan Sillitoe auch die Wut über seine eigene von Gewalt geprägte Kindheit in ärmlichen Verhältnissen von der Seele. Einer der radikalsten Romane aus dem Umfeld der *angry young men*, einer Gruppe zorniger britischer Literaten, die sich Ende der 50er-Jahre mit sozialen Missständen auseinandersetzten, und längst ein Klassiker der Protestliteratur.

David Kelsey lebt zwei Leben. Ein alltägliches, das er allein in einer billigen Pension verbringt, und eines am Wochenende, wenn er ein hübsches Häuschen bewohnt, eingerichtet für zwei. Hier wartet David auf das Erscheinen seiner Annabelle. Das einzige Problem: Annabelle kommt nicht, sie ist bereits mit einem anderen verheiratet. David beharrt auf seinem Plan und richtet sein Leben darauf aus. Ganz gefangen im süßen Wahn kann er ihm nicht mehr entkommen – gilt dies bald auch für Annabelle? Die Geschichte wäre die perfekte Fallstudie eines pathologischen Liebeswahns, wäre Davids Welt nicht so einnehmend, so unheimlich nachvollziehbar. Während er sich in seinen Fiktionen verstrickt, begleitet man ihn mit wachsender Beklemmung und dem leisen Verdacht, dass diese Figur realer ist als so mancher »normale« Mensch.

Edinburgh, 1930. Die Lehrerin Miss Brodie ist fest davon überzeugt, in der Blütezeit ihres Lebens zu stehen. Sie sucht sich sechs junge Mädchen aus, die in Zukunft einen ganz besonderen Unterricht erfahren und bald als die »Brodie-Clique« bekannt sind. Miss Brodie benutzt sie dazu, sich ihre politischen, ästhetischen und auch erotischen Wünsche zu erfüllen. Nur Sandy, das Mädchen mit den kleinen Augen, durchschaut die Lehrerin und wird sie später verraten. Sie begreift, dass Miss Brodie wie die Vorsehung die Geschicke der Menschen lenkt und glaubt, »sie sei Gott und sehe das Ende«. *Die Blütezeit der Miss Jean Brodie* begründete Muriel Sparks Weltruhm: ein perfides Buch, erzähltechnisch bravourös gestaltet, in einer kühlen, fast kaltblütigen, klaren Prosa und mit einem Witz, den man nur tiefschwarz oder halt *very british* nennen kann.

Höhepunkte aus den legendären Aufnahmen und Liveauftritten des Meistergrantlers – und nebenbei eine kleine Geschichte Österreichs »in Pantoffeln« von der k.u.k Zeit über den Ersten Weltkrieg und den »Anschluss« bis zur Nachkriegszeit. Und natürlich dürfen die beiden bekanntesten Qualtinger-Figuren, die er gemeinsam mit Carl Merz geschaffen hat, dabei nicht fehlen: der legendäre Herr Karl, der ewige Wiener Spießer, der auf den ersten Blick so nett und gemütlich erscheint, sich aber bald als ein missratener Jedermann entpuppt und als gefährlicher Opportunist; und ein weiteres Alter Ego Qualtingers kommt zu Wort: der dummschlaue Travnicek. Außerdem eine furiose Interpretation einiger Passagen aus Hitlers *Mein Kampf*, Auszüge aus Karl Kraus' *Die letzten Tage der Menschheit*, Satiren von Peter Altenberg und Egon Friedell.

Gemeinsam gehört ihnen die Nacht über Dublin: Baba und Caithleen sind unzertrennliche Freundinnen. Baba ist flink wie ein Vögelchen und setzt ihren Charme berechnend ein, die dicke Caithleen hingegen liest heimlich Romane und findet die merkwürdigen, komplizierten Männer darin wunderbar. Gemeinsam ärgern sie ihre Landlady, schmuggeln sich auf Tanzveranstaltungen und Bälle und amüsieren sich prächtig – bis der elegante und reiche Dokumentarfilmer Eugene Gaillard auftaucht. Beide Mädchen sind hin und weg, aber nur Caithleen verliebt sich ernsthaft. Eine feinsinnig erzählte Liebesgeschichte beginnt, die mit allen Klischees des Schemas »Älterer-Mann-liebt-junge-Frau« aufräumt. Das Buch, das heute noch mit schwungvoller Frische unterhält, erregte bei seinem Erscheinen 1962 wegen seiner Freizügigkeit in Irland einen Skandal.

Der Bericht des Sohnes Jean Renoir geht aus von den Gesprächen mit dem Vater. Wir begegnen dem jungen Auguste Renoir mit seiner frühen Leidenschaft für das Malen, erleben das Wachsen seines künstlerischen Selbstbewusstseins, seine Auseinandersetzung mit den Konventionen, schließlich den Durchbruch der neuen, originalen Malerei, die Licht und Schönheit zu unerhörten Gebilden von Farbe und Form befreit. Das Lebensbild ist in einen vielgestaltigen Hintergrund gebettet – eine pulsierende Zeit, Frankreich, Paris, die Oper Gounods, Montmartre; vor allem aber die Malerfreunde – Sisley, Monet, Degas und andere – und die großen Förderer unter den Kunsthändlern – Vollard, Durand-Ruel, Bernheim – in lebendigen, oft amüsanten Porträts; wir begegnen Literaten und Gesellschaftslöwen, aber auch Bauern und Fischern in Cagnes an der Côte d'Azur.

Ein Mordsspaß jagt den nächsten im Leben des kleinen Nick. Sein dicker Freund Otto hat immer Hunger, Roland ist ein prima Kamerad und hat eine Trillerpfeife, sein Vater ist nämlich Polizist. Adalbert, dem Liebling der Lehrerin, darf man nicht so oft eine reinhauen, wie man möchte, weil er eine Brille trägt, was Franz, dem Stärksten von allen, schwerfällt – und wo der Franz hinhaut, da wächst kein Gras mehr! Wie die Bande den Fotografen fürs Klassenfoto vertreibt, auf dem Fußballfeld mehr rauft als spielt und den Schulrat dazu bringt, ihrer Lehrerin sein Mitgefühl auszudrücken – diese und viele andere Abenteuer begeistern immer wieder neue Generationen von Kindern und ehemaligen Kindern. Der erste Band mit Geschichten aus dem Leben des berühmtesten Bengels Frankreichs; ein Buch, das die FAZ als bestes Kinderbuch der Welt preist.

Was ist *8½*? Der Arbeitstitel des Films lautete: *La bella confusione.* Der Regisseur wusste es selber nicht: »Ein schwer zu fixierendes Mittelding zwischen einer unzusammenhängenden psychoanalytischen Sitzung und einer etwas planlosen Gewissenserforschung in einer nebelhaften Atmosphäre: Es ist ein melancholischer, ein beinah düsterer und doch entschieden komischer Film.« Fellinis achteinhalber Film erzählt von der Schaffenskrise des Regisseurs Guido, der in eine Traumwelt flüchtet, die erfüllt ist mit seiner ganzen Vergangenheit, den lichten und düsteren Seiten seiner Kindheit, seiner großen Liebe zu den Frauen und seiner Unfähigkeit, eine zu wählen, und seiner Zukunft – mit seinen Ahnungen, Illusionen. Ein tragikomisches Meisterwerk, ein Film im Film, in dem die Grenzen zwischen Wirklichkeit und Fiktion unklar werden – Fellinis ehrlichster Film.

»An dem Abend, als Max seinen Wolfspelz trug und nur Unfug im Kopf hatte, schalt seine Mutter ihn: ›Wilder Kerl!‹ – ›Ich fress dich auf‹, sagte Max, und da musste er ohne Essen ins Bett …« So beginnt eines der kürzesten Kinderbücher der Welt, 333 Wörter umfasst der deutsche Text. Der Rest ist schnell erzählt: Max fährt zu den wilden Kerlen, zähmt sie und wird zum König gekrönt. Dann bekommt er Heimweh (und Hunger) und fährt nach Hause, wo das Essen noch warm ist. Bei seinem Erscheinen 1963 stieß Sendaks anarchisches Buch auf Vorbehalte: Geschichte und Zeichnungen seien zu grauslich, man könne sie Kindern nicht zumuten. Sendak selbst sagte, seine Kerle sollten es »gar nicht jedem recht machen – nur Kindern«. Und die lieben seine wilden Kerle. Denn welches Kind wünschte sich nicht, mit diesen schrecklich-netten Monstern zu toben?

In seinem Erstlingswerk setzt Otto Jägersberg seiner westfälischen (»westpfählischen«) Heimat ein Denkmal. Trotz aller Sympathie wird hier die Trivialität des alltäglichen Lebens in der Provinz unbarmherzig seziert: »Nach dem Essen forderte mein Vater mich auf, ihm zur Freude und Gedächtnisstütze, die durch die Jahrhunderte wechselnden Namen unseres Wohnortes zu deklinieren. Ich hatte es schon so oft getan, dass es mir keine Mühe mehr bereitete: ›Angelemuyde, Angelmudeh, Angelmude…‹ – ›Langsamer!‹, unterbrach mein Vater. ›Anghelmude, Anghelmode, Angelmudde.‹ Er ergänzte mit dem Namen eines Kartenzeichners, der zum ersten Mal den endgültigen Namen gebrauchte: Angelmodde. Er sprach es genießerisch aus, formte zart das ›Angel‹ auf der Zunge und stieß mit vorstoßenden Lippen das ›Modde‹ von sich. ›Angelmodde, welch ein Name!‹«

»Theodor war einmal ein schöner Teddybär. Jetzt ist er alt, und weil er ein Auge und ein Ohr verloren hat, haben ihm die Kinder einen Hut aufgesetzt. Aber die Mutter will kein kaputtes Spielzeug im Haus haben und wirft Theodor weg. In der Nacht träumt er von einem Fischerdorf mit einem weißen Turm. Es heißt Tripiti. Dort wohnen viele Kinder, und alle wollen mit Theodor spielen. Doch am nächsten Morgen wird er in die Abfallgrube geworfen. Hier trifft er Kaspar, ein altes Holzpferdchen. Theodor erzählt ihm von seinem Traum, und sie beschließen, zusammen nach Tripiti zu reisen.« Theodor und seine Gefährten machen sich auf ins gelobte Spielzeug-Land. Dort sind die Menschen arm, aber zufrieden. Und die Kinder freuen sich riesig über den unerwarteten Besuch. Ein schon klassisches Kinderbuch gegen die Wegwerfgesellschaft.

Wer wissen will, warum Irland das Land der *story-teller* ist, der komme in einem irischen Pub bei einem Pint Guinness mit den Einheimischen ins Gespräch. Oder er lese O'Connor. *Und freitags Fisch* ist seine bekannteste Erzählung, mit herrlichen Weisheiten wie: »Heute ist Freitag, und was bedeutet das? Ich geh heim und bekomme Fisch vorgesetzt, ob ich will oder nicht. Ein paar Wörtchen vor dem Altar, und für den Rest deines schönen Lebens heißt es: freitags Fisch! Doch jedes Mal, wenn es Fisch gibt, fragt mich meine innere Stimme: Ned McCarthy, bist du ein Mann oder eine Möwe?« Und dann lese man bei einem torfigen Whiskey die Erzählung *Eine kleine Grube im Moor*, die vom irischen Freiheitskampf handelt, vor allem aber von vier Männern, die darin verstrickt sind. Wem am Ende nicht die Tränen kommen, der möge nie in die Heimat der *story-teller* fahren.

Eine mythische Figur der chinesischen Geschichte war Richter Di, berühmter Staatsmann der Tang-Dynastie (618-906), der als Schiedsmann und Rächer der Entrechteten auftrat. Noch lange nach seinem Tod wurden seine Heldentaten in der chinesischen Folklore gefeiert. Der niederländische Diplomat und China-Kenner Robert van Gulik griff die Figur des scharfzüngigen Richters auf und verfasste eine ganze Serie spannender Detektiv-Geschichten, die den Leser mitten in den Alltag des Kaiserreichs versetzen und mehr Geschichtswissen enthalten als manche Chronik. Di ist ein Sherlock Holmes des alten China: Präzis analysiert er die Faktenlage und verblüfft immer wieder mit seinen Schlussfolgerungen. Der Band enthält acht seiner Kriminalfälle, deren Stoff historischen Quellen entnommen ist, sowie acht Illustrationen des Autors im chinesischen Holzschnittstil.

Barbara Plunkett, die hübsche junge Irin, die im Kiosk der Londoner National Gallery Postkarten verkauft, bringt mit ihrer herrlichen Unschuld zwei ältere Herren gehörig durcheinander. Charlie, ein irischer Möchtegerndraufgänger, wird weder die englischen Besatzer los noch das griechische Mädchen, das sich in ihn verliebt hat. Und beim Besuch eines Jugendfreundes muss sich ein Bischof, ob er will oder nicht, mit den Liebeshändeln der jungen Generation befassen. Der für seine Short Storys berühmte irische Autor Sean O'Faolain verbindet auf wunderbare Weise schwere Themen wie Liebe, Tod oder Religion mit großer Leichtigkeit, Eleganz und Ironie. Er erzählt von Trinkern und Träumern und von der seltsamen Einsamkeit, die den Menschen erfasst, wenn er begreift, dass letztlich unergründbar bleibt, was die anderen wirklich denken, fühlen und wollen.

Eine sensationelle Wiederentdeckung: das Kultbuch von 1968 mit einem Nachwort von Jonathan Lethem. Alfred Omegas Hauptbeschäftigung besteht darin, täglich zwei Stunden im Bostoner Public Garden zu sitzen und sich in andere Zeiten zu träumen. Das kann sehr anstrengend sein. Denn nicht immer landet man im Florenz der Medici, am Hof von Versailles oder in Heidelberg in einem philosophischen Seminar. Es kann auch Sibirien oder eine Diamantenmine in Afrika sein. Nebenberuflich ist Omega ein ausgezeichneter Maler, ausgebildet bei einem exzentrischen italienischen Maestro. Doch sein anachronistischer Stil findet in der Kunstwelt wenig Anklang. Bis der Kunsthändler Victor Darius auftaucht und Alfreds Begabung gewinnbringend nutzen will ... Eine atemberaubende Reise durch die Kunstszene von Boston, New York und London beginnt.

Martha kann sich nicht mehr an ihre Kindheit erinnern. Sie lebt bei einer alten Frau, die sie gefunden hat. Die hat eine Schwester, Charlotte, die Horoskope verkauft, die nur Glück prophezeien. Charlotte fordert Martha auf, sie zu besuchen, sie habe eine wichtige Nachricht. Als Martha im Zug sitzt, erkennt sie die Umgebung plötzlich als Landschaft aus einem Traum. Und damit geht die romantische Gruselgeschichte erst richtig los. Rasch wird Martha in einen Strudel schauriger Geschehnisse gezogen, die sich in einer Atmosphäre sanften Irrsinns zutragen: Wir begegnen verschnörkelten Figuren – einem weisen buckligen Irrenarzt, einem Admiral, Adele, die brüchige Seide und gebrauchtes Geschirr liebt, und ihrem Sohn, dem ebenso stattlichen wie indolenten Arthur, der Ophelia verfällt, von der man nicht genau weiß, ob sie Engel oder Teufel ist.

Zwischen zwei sechzehnjährigen Jungen entspinnt sich eine Freundschaft, die auf einem tiefen Einverständnis beruht. Der eine, Hans Schwarz, ist Sohn eines Arztes, der andere, Konradin von Hohenfels, entstammt einer reichen Adelsfamilie. Doch dann zerbricht die Beziehung. Die Geschichte spielt in Deutschland, 1933. Fred Uhlmans Erzählung erforscht mit ungewohnter Zartheit und suggestiver Kraft die Gesetze der Freundschaft und die Widrigkeiten, die sie zerstören können. *Der wiedergefundene Freund* erschien 1971 und ist längst zum Klassiker geworden. Arthur Koestler fasst zusammen: »Ein Meisterwerk. Über die Zeit, als Leichen zu Seife verarbeitet wurden, um die arische Rasse rein zu halten, sind Hunderte von dicken Wälzern geschrieben worden, und doch wird dieses Bändchen seinen dauerhaften Platz in den Bücherregalen finden.«

In einem grotesken Reigen lässt Herbert Rosendorfer Ur- und Neonazis, Monarchisten, Hochadel, Klerus und auch die Studenten von ganz links vorbeitanzen, bis sie sich zu unheimlichen Monstern auswachsen. Mit der Familie des bayerischen Königshauses walzen wir zur Suite übers Parkett: Ist der uneheliche Sohn der nymphomanischen Prinzessin Gicki ein Halbgorilla? Und was ist zu tun gegen das Geschrei des hungrigen, feisten Erbprinzen Otto? Die Adligen haben allen Grund, aus dem Häuschen zu sein. Beschwingt-schmissig, mit feinem und auch mit gröberem Witz und nicht zuletzt mit leiser Verzweiflung wird hier pointiert parodiert. Ein genialer Humorist und scharfsinniger Realist, dirigiert Rosendorfer diese überbordende Satire eines fabulierten Deutschlands, die in den 30er-Jahren anhebt und 1972 verklingt.

Bill hat ein Holzpferd, einen Teddybären, ein Saxophon, fünf Trommeln, ein Fahrrad und sogar ein kleines Tretcabrio, doch das reicht ihm nicht. Tag und Nacht träumt der Junge nur vom Fliegen. Sein ganzes Taschengeld gibt er her, um sich Ballons zu kaufen, doch der Versuch geht schief, der Sprung vom Hausdach beschert ihm einen Gipsfuß. Bill gibt nicht auf. Als er Geburtstag hat, fasst er einen waghalsigen Plan. Von allen Freunden und Verwandten wünscht er sich nur eines: Luftballons, so viele und so große wie nur irgend möglich. Und in der folgenden Nacht beginnt seine wunderbare und abenteuerliche Reise durch die Lüfte… Das beliebte Kinderbuch mit Text und bunten Federzeichnungen von Reiner Zimnik erzählt die Geschichte eines eigenwilligen Träumers, der zuletzt, als ihn der Hunger plagt, wieder weich auf dem Boden der Tatsachen landet.

Wie man auf elegante Weise aus Leuten Leichen macht – das erzählt keiner raffinierter und mit mehr Witz als er. Und hier sind sie, die besten Krimigeschichten des einmaligen Henry Slesar, der die Pointen zu setzen wusste wie niemand sonst, und der selbst hartgesottene Männer das Gruseln lehrte. Die Moral, die Slesar seinen Storys mitgibt, ist die von der Grube, die man anderen gräbt, um dann selbst hineinzuplumpsen. Geschichten, wie sie das Leben selbst nie ganz hinkriegt, augenzwinkernd erzählt von einem »friedfertigen Mann mit ungewöhnlicher krimineller Begabung – natürlich nur auf literarischem Gebiet« (Alfred Hitchcock) – böse, bissig hinterlistig und immer wieder verblüffend, denn in diesen Krimis, die kein klares Schema von Gut und Böse haben, ist nur eins ganz sicher: Sie gehen immer anders aus, als man denkt.

»Ich will nur unterhalten, nicht erziehen«, sagt Luis Murschetz über seine Arbeit. Doch wie kann dieses Buch über einen Maulwurf, dessen heimelige Kellerwohnung unter grüner Wiese den umweltzerstörenden Städteplanern zum Opfer fällt und der sich deshalb auf die Suche nach einer neuen Bleibe machen muss, nicht auch erziehen. Sind doch Kinder wie auch Erwachsene erschüttert über die Brutalität der Baufahrzeuge, über das Zerstören der Natur für den Bau von Hochhäusern und Tiefgaragen. »Da wagte er einen Blick auf seine Wiese, aber die gab es nicht mehr. Es waren nur noch Baugruben, Gerüste und Kanäle. [...] Da wurde Grabowski sehr traurig, und er beschloss wegzuziehen.« Als der Bilderbuchklassiker 1972 erschien, war es wohl noch einfacher, eine neue Wiese zu finden. Ob es dem liebenswürdigen Maulwurf auch heute oder in zehn Jahren gelänge?

Ein Buch so umfangreich wie sein Thema: Henri F. Ellenberger begnügt sich nicht mit der Darstellung der Lehrsysteme von Freud, Adler, Jung & Co. Seine Betrachtungen der sozioökonomischen, politischen und kulturellen Faktoren vermitteln darüber hinaus plastisch ein Bild der Umstände, die Leben und Werk der Forscher, ihre Überzeugungen geprägt haben. In jahrzehntelanger Forschungsarbeit entwarf Ellenberger ein lebendiges Porträt der Gründerväter der modernen Psychiatrie. Das Resultat: ein äußerst detailliertes, gelehrtes Standardwerk, und – und das ist ungewöhnlich – ein sehr lesbares und spannendes noch dazu. Ein Buch, das man als Nachschlagewerk nutzen, aber auch wie einen Roman lesen kann, der uns die Seelengeschichte der letzten 200 Jahre erzählt. »Der Ellenberger« prägte eine ganze Generation von Historikern der Psychoanalyse.

Diesem Anfang wohnt ein Zauber inne: »Meine beachtlichen Talente für die Bildenden Künste zeigten sich seit meiner frühesten Kindheit. Ich legte bereits damals eine außergewöhnliche Begabung an den Tag. Mit drei Jahren ritzte ich mit der Gabel Klees in den Kartoffelbrei, die meine Familie verblüfften. Mit vier Jahren hielt ich Siesta.« Und so geht es in einem fort. Wie sollten die Großen seiner Zeit dieser Lichtgestalt aus dem Weg gehen? Einstein, Freud, Kafka, Picasso, Lenin, Mussolini, sie alle suchen die Nähe unseres Helden – selbst auf öffentlichen Toiletten. Er weiß einfach alles besser und hat sämtliche Entwicklungen in Kultur, Politik und Wissenschaft angestoßen. Doch, ach, niemand dankt es ihm … Eine beißende Parodie auf die zahllosen eitlen Selbstdarstellungen mehr oder minder bedeutender Persönlichkeiten – und ein grandioser Spaß.

»Hätte er voll und ganz mitempfunden an dem, was an einem einzigen Tag auf dieser Welt geschah, er hätte am Abend an seinen Gefühlen sterben müssen. Und hätte er versucht zu verstehen, was an diesem einen Tag geschah, er hätte am gleichen Tag verrückt sein müssen. So hätte er sich manchmal am liebsten alle Nerven ausgerissen. Doch wollte er weder an seinen Empfindungen draufgehen noch wahnsinnig werden. Er begann sich in dem Maße zu immunisieren, als er die Fähigkeit bewahren wollte, zu empfinden und zu agieren.« Schon im Kindergarten erkennt der Immune die Welt als Theater und beginnt sich abzuhärten, indem er sich den schlimmsten Situationen aussetzt. Bei allem Weltschmerz fällt die Bilanz in diesem eigenwilligen Selbstversuch des großen Fabulierers und Ironikers Loetscher nicht übel aus: »Ich bin ein Leben lang am Leben geblieben.«

Dieser Roman ist eine Groteske und beschreibt doch nichts als die Wirklichkeit. Der Titel bringt den Inhalt auf die kürzeste Formel. Ort: das Büro 1028. Personal: die Insassen Frau Klatt, Herr Klatt, Herr Kuhlwein und Fräulein Mauler. Der ›Lebensraum‹ von Millionen Angestellten, die kleinen Lustspiele, die Mikrodramen und Tagträume unter der Decke alltäglicher Monotonie: das Bekannteste und Banalste, was jeder am eigenen Leib erleidet, aber nicht mehr wahrnimmt; die ganze Welt der Büroarbeiter, vom morgendlichen Waschlappenschmatzen bis abends zu Robert Lembke und Wim Thoelke, von der Kantine bis zur Chefetage, von der Betriebsversammlung bis zum Weihnachtsgeld wird Gegenstand einer furiosen Deskriptionsorgie von grausamer Komik. Unter der Hand dieses Schriftstellers wird der bürokratische Apparat zu einem wahren Absurdistan.

Los Angeles, 1975: Dem Ehepaar Biemeyer wird ein bislang unbekanntes Bild des vor 25 Jahren verschwundenen Malers Richard Chantry gestohlen. Der Routineauftrag entpuppt sich als ein Gespinst aus Lügen, Mord und Verrat, das nur ein Meisterdetektiv entwirren kann: Lew Archer ist ein würdiger Nachfolger von Sam Spade und Philip Marlowe. Spade und Marlowe mögen kantigere Figuren sein, Archer ist der bessere Detektiv. Hier ermittelt er in seinem letzten Fall: Er ist reifer geworden, raucht und säuft weniger – und er ist zum ersten Mal ernsthaft verliebt: »Nach einer Weile konnte ich den regelmäßigen Puls an ihrer Schläfe erkennen, das Schlagen des lautlosen Hammers, der anzeigte, dass sie lebte. Ich hoffte, der blaue Hammer würde niemals aufhören zu schlagen.« Ein würdiger Abgang für den Meisterdetektiv, ein wehmütiger Abschied für seine Fans.

»WGWKS«, wie der Bestseller von vielen Buchhändlern bestellt wird, ist einer der erfolgreichsten Cartoon-Bände im deutschen Sprachraum. Alles wird hier aufs Korn genommen – Alltägliches, Absurditäten, Spießigkeiten, Autoritäten, vor allem aber finden sich darin sämtliche Spielarten des Waechter'schen Humors: von zärtlich, albern, anarchisch, blödelnd bis hintersinnig, böse, skurril und grotesk. Selten war ein Titel weniger prophetisch als dieser. Allein im Jahr des Erscheinens fühlten sich 50 000 Bürger von der schicken Ente provoziert, schlugen sich auf die Seite des Schweins, sagten »toll« und kauften das Buch: Bis heute gingen mehr als eine Viertelmillion Exemplare über die Theke. Nur der Verfasser ärgerte sich – das Buch ist ein weit größerer Erfolg als seine anderen Bücher, die, so Waechter, »viel besser gezeichnet sind!«.

Alvy Singer (Woody Allen), ein jüdischer Intellektueller aus New York mit ausgeprägtem Hang zu Neurosen, streift als mäßig erfolgreicher Komiker und geborener Verlierer durch seine Stadt und sein Leben. Schon als Kind verscherzt er es sich regelmäßig mit dem anderen Geschlecht, eine Beziehungspleite folgt der nächsten, bis er sich in die nicht weniger neurotische Annie Hall (Diane Keaton) verliebt: Das Chaos hält Einzug in sein Leben. Gegenseitig bombardieren sie sich mit ihren Ängsten, Wünschen und Träumen. Während die quirlige Annie Gedichte und Romane verschlingt, liest Alvy fast ausschließlich Bücher über den Tod, von dem er sagt, er sei das wichtigste Ereignis im Leben. Ihre Liebesbeziehung entwickelt sich zu einer therapeutischen Sitzung. Kann das gut gehen? Woody Allens tragikomisches Meisterwerk, eine psychoanalytische Komödie, ein Klassiker.

»Der jüdische Viehhändler Levi ist eine authentische Figur. Aus Erzählfetzen, aus Mosaiksteinchen habe ich eine Geschichte gemacht. Ich wollte herausfinden, und sei es nur in meiner Phantasie, was mit Levi nach der Machtergreifung passiert ist, denn das weiß heute keiner mehr, will niemand wissen. Davon zu erzählen bedeutet für mich eine Annäherung an die Vergangenheit, auch an die Landschaft. Eine Reflexion über meinen Begriff von Heimat.« Vor dreißig Jahren schrieb der damals zwanzigjährige Strittmatter seinen Erstling, dessen Themen Antisemitismus und Gewalt aktuell geblieben sind. Konzentriert und in berückend schönen Bildern erzählt er von den Wurzeln der Fremdenfeindlichkeit in einer Kleinstadt im Schwarzwald. Diese Ausgabe enthält neben Strittmatters Theaterstück das Drehbuch der Verfilmung von Didi Danquart und viele farbige Filmstills.

Wenn uns motorradfahrende Bären und stille Kleinwüchsige, ein falscher Freund, ein Hotel voll Wiener Huren, Gewichtheber und Geschwisterliebe als Familienabsonderlichkeiten ans Herz wachsen, dann ist John Irving am Werk. Hier lebt kein Mensch ohne den ihm eigenen Irrsinn, kein Mensch, der nicht wie nebenbei dazugehört. Unvorhersehbar, verquer und seltsam liebevoll präsentiert sich der Irving'sche Kosmos, und mit jeder Seite wächst die Überraschung, als Leser schon mittendrin zu stehen in diesen wohlkomponierten Turbulenzen. In einer Welt, in der Lachen und Weinen ineinander übergehen, in der der Tod und schlimmere Grausamkeiten genauso wie die Liebe zum alltäglichen Leben gehören, spielt sich *Das Hotel New Hampshire* ab – ein modernes Epos von solch überbordender Phantasie, dass es einen magisch in diesen Wörterstrudel zieht.

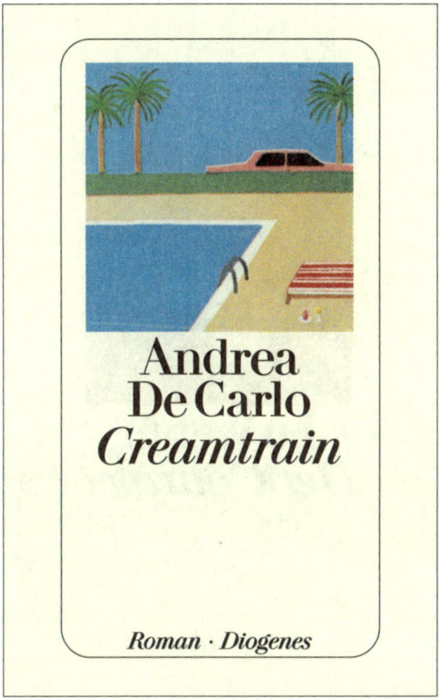

In Andrea De Carlos Roman flirrt die Luft vor Hitze, und die Stadt der Engel weitet sich in endlose Straßengitter und Häuserreihen; Autos brausen über die Freeways und zeugen als Einzige von Leben. Los Angeles atmet durch jeden Satz. Der junge Italiener Giovanni ist hier zu Besuch bei einer Ferienbekanntschaft und lässt die Tage gleichgültig verstreichen. Eigentlich ist er hergekommen, um Erfolg zu haben. Vorläufig aber hält er sich mit Supermarktdiebstählen und Kellnereinsätzen beim Italiener über Wasser, bis er unversehens als Italienischlehrer der Hollywood-Diva Marsha Mellows angestellt wird, deren Film *Creamtrain* er beinahe auswendig kennt… In lockerem Ton hat sich Andrea De Carlo seine nicht nur positiven Amerika-Erfahrungen vom Leib geschrieben. In seinem umjubelten Erstling geht der American Dream nicht in Erfüllung.

Der Mensch lebt, um zu essen, ist die Devise von Zhu Ziye, dem berüchtigten Feinschmecker und Schlemmer, der sich von Sonnenauf- bis Sonnenuntergang in einer Rikscha zu den feinsten Restaurants von Suzhou fahren lässt. Ihm und seinen Tafelfreuden gilt die besondere Verachtung des jungen Gao, der an Revolution und Moral glaubt, dessen Schicksal allerdings auf fatale Weise mit dem des Gourmets verwoben ist. Zu Beginn des kommunistischen Regimes wird ausgerechnet Gao mit der Leitung eines berühmten Restaurants betraut, und er hat den Ehrgeiz, diesen »Tempel der Gastronomie« in eine Volkskantine zu verwandeln. Wer könnte ihn wohl mehr dafür hassen als Zhu Ziye? Dieser Roman ist nichts weniger als die Geschichte der Volksrepublik China, erzählt anhand der Lebensgeschichte eines Gourmets – ein Buch voll Humor für Kopf und Bauch.

Die Faszination, die das Mädchen aus der Bücherei auf Cal ausübt, wird zur Besessenheit, als er ihren Namen hört. Wie würde Marcella reagieren, wenn sie erführe, dass er der Mörder ihres Mannes ist? Statt zu fliehen, versucht Cal, ihr näherzukommen, um seine Schuld wiedergutzumachen. Gleichzeitig will er vor Skeffington, Crilly und ihrer Sache, der IRA, fliehen, aber er hat Angst vor ihnen, schließlich kennt er sie gut genug. »Du musst hart werden«, sagt Skeffington zu ihm, »denk an die Sache, um die es geht, nicht an die Leute.« Aber Cal kann das nicht. Als sich die Gelegenheit ergibt, läuft er davon, genau wie vor dem widerlichen Job im Schlachthof, den sein Vater ihm besorgt hat. Marcella könnte ihn retten. Er beobachtet sie, hinter den Zeitschriften in der Bücherei versteckt, folgt ihr … Eine herbe, poetische Geschichte über Liebe und Schuld in Zeiten der Gewalt.

Die Schweiz und die Fremden in den 1960er-Jahren. Der Spanier Ambrosio hat es geschafft: Er bekommt Arbeit auf einem Schweizer Bauernhof. Doch als er aus dem Postauto steigt, erstarren die Männer auf dem Dorfplatz. »Das ist wohl dem Knuchel sein Spanier.« Zum ersten Mal in seinem Leben fühlt sich Ambrosio fremd. Immerhin überwinden die Kühe auf dem Bauernhof ihr Misstrauen – unter ihnen auch die prächtige Blösch –, denn melken kann er »wie ein Hiesiger«. Knuchel schaut ihm dabei zu und lutscht vergnügt an seiner Unterlippe. Lange währt das Vergnügen nicht, denn unablässig wird Knuchel von den anderen wegen »seines Spaniers« gepiesackt. Zuletzt gibt er auf und vermittelt Ambrosio an einen städtischen Schlachthof. Ein drastisches Buch über falsche Idyllen und misshandelte Kreaturen (ob Mensch oder Tier) – eine Passionsgeschichte.

»Yvonne und ich verließen 1971 New York City, Hals über Kopf. […] Auf dem Highway dahinjagend war unserem Leben der Treibstoff ausgegangen: Wir hatten uns festgefahren, und so schlugen wir zu Fuß den ersten besten Seitenweg ein und erwarteten nicht einmal das Unerwartete«, beginnt *Heute hier, morgen fort.* Der Seitenweg führte Ungerer und seine junge Frau nach Nova Scotia, in ein baufälliges Haus auf einer Halbinsel, das man nur bei Ebbe verlassen konnte, drei Kilometer vom nächsten Städtchen entfernt. Ohne es zu merken, bauen die Ungerers eine Farm auf, werden Selbstversorger, die Schweine mästen und schlachten. Das Logbuch eines Aussteigers, der vom Regen in die Traufe, von den makabren Segnungen einer Weltstadt in die Einöde gelangt und dabei etwas Essentielles findet. Eine Art *Walden* des 20. Jahrhunderts.

Jörg Fauser als Beobachter seiner Zeit und seiner selbst: im Drogenrausch am Bosporus, als Anarchist in den Kommunen von Berlin und als Hausbesetzer in Frankfurt am Main. Das autobiographische Zeugnis um Fausers Alter Ego Harry Gelb ist schnörkellose Lebensbeschreibung, messerscharf beobachtet, aber oft auch liebevoll ironisiertes Zeitdokument der sechziger und siebziger Jahre, Aufbegehren gegen das wirklichkeitsferne Kulturestablishment, den literarischen Betrieb – und die Geschichte von einem, der auszog, um Schriftsteller zu werden, und immer wieder an sich selbst und seiner Umwelt scheitert. Die Drogen sind der Rohstoff dieses Lebens – und das Schreiben: »Ich setzte mich wieder an die Schreibmaschine. Einem Mann die Liebe wegzunehmen war so gut wie Mord, aber mit einer Schreibmaschine konnte er ihn überleben.«

»Was alle betreffen kann, das betrifft uns alle.« So mahnte der Philosoph Günther Anders bereits vor einem halben Jahrhundert. Die Ereignisse von Tschernobyl und Fukushima, die Risiken maroder atomarer Anlagen zeigen auf erschreckende Weise, dass seine Worte aktueller denn je sind, dass wir die Gewalt über unsere eigenen Werkzeuge verlieren – und die Maschine zusehends den Menschen beherrscht. Dieses Lesebuch enthält das Wichtigste aus den Schriften des großen Theoretikers und Stilisten: Auszüge aus seinem Hauptwerk *Die Antiquiertheit des Menschen,* alarmierende Texte zur atomaren Bedrohung, Autobiographisches, Fabeln und der erschütternde Briefwechsel mit dem Hiroshima-Piloten Claude Eatherly. Und immer wieder warnt Anders uns eindringlich davor, dass wir auf dem besten Weg sind, unsere Zukunft zu zerstören.

Hanspeter Padrutt ist einer der selten gewordenen Universalisten. Gefragt, worüber er schreibe, antwortete der in Zürich lebende Psychiater und Daseinsanalytiker zögernd: »Über die geistigen Grundlagen des Umweltschutzes.« Im ersten Kapitel seines Buches *Der epochale Winter* stellt er in einem Rundgang durch die ökologischen Publikationen seiner Zeit deren Grundgedanken vor und kommentiert diese kritisch. Weitere Kapitel: »Das überhandnehmende Maschinenwesen. Ein Rundgang durch die Welt der Technik mit vielen Beispielen. Das Lied vom epochalen Winter. Die *Winterreise* von Franz Schubert und Wilhelm Müller, in ungewohnter Weise ertönend. Winston Smith und die Ereignisblume« und andere. Ein Plädoyer nicht nur für die Umwelt, sondern auch für eine assoziative, lebendige Art des Denkens und Argumentierens.

Der Waisenjunge Jean-Baptiste Grenouille wird als Säugling von Amme zu Amme gereicht, weil er angeblich vom Teufel besessen ist. Er riecht nämlich nicht so, wie Kleinkinder zu riechen haben: weder nach heißem Stein noch nach frischer Butter oder Karamell; Grenouille hat gar keinen Körpergeruch. Und noch etwas irritiert: Seine Nase scheint die Umwelt »auszuwittern«. Grenouille hat eine Gabe, die sein Leben bestimmen wird: Er besitzt eine phantastische Sensibilität in der Geruchswahrnehmung. So wächst er im Paris des 18. Jahrhunderts inmitten der herbsten Geruchsmischungen auf, bis ihm eines Tages zum ersten Mal der Duft eines Mädchens in die Nase gerät... Ein sinnliches Buch und dabei eines der erfolgreichsten deutschsprachigen Bücher aller Zeiten; ungekünstelt und kraftvoll bis in die letzten Winkel.

Die Geschichte einer buchstäblich wahnsinnigen Liebe zwischen Zorg, dem verkappten Schriftsteller, und Betty, dem durchgeknallten Mädchen, das sich Ärger einholt wie andere frische Brötchen. Zufällig stößt Betty eines Tages auf ein altes Manuskript ihres Freundes und ist begeistert: Immer auf der Suche nach dem vollkommenen Glück, hat sie endlich eine Lebensaufgabe, auf die sie sich stürzt wie ein wildes Tier. Sie schickt das Manuskript an etliche Verlage – alle lehnen ab. Betty ist frustriert, dreht immer weiter durch, schließlich richtet sie ihre Aggressionen gar gegen sich selbst und landet in einer Nervenheilanstalt. Der Titel beschreibt das Gefühl, das das ganze Buch durchzieht: *blue.* Die Traurigkeit und nervöse Spannung der Story mischt sich mit Leichtigkeit, Kraft und einer Portion rotziger Weisheit, die typisch ist für Philippe Djian.

Was Capote hier als »definitive Autobiographie« erzählt, ist ein funkelndes Zeitdokument. Er verteilt Seitenhiebe nach links und rechts, lässt sich aus über John F. Kennedy, Jacqueline Onassis, Norman Mailer, Marilyn Monroe, Tennessee Williams oder Andy Warhol. Er erinnert sich an seine Kindheit, seinen Erfolg als literarisches Wunderkind, erzählt von seinen Problemen mit Drogen und Alkohol und seiner Homosexualität. Diese Gespräche sind sein Vermächtnis, ein Schlüssel zum Werk dieses grellen, frechen, vulgären, geistreichen Genies, den die oberen Zehntausend erst hofierten – was war er doch amüsant – und dann verstießen, als sie genug von ihm und seinen Indiskretionen hatten. Capote versank in Depressionen, litt an Halluzinationen und starb schließlich, vollkommen vereinsamt, an einer Überdosis Tabletten in Los Angeles.

Wer dieses Buch aufschlägt, dem eröffnet sich ein Defilee der Philosophen. Einer nach dem anderen kommen sie zu Wort, als stünden sie leibhaftig vor uns. Diese Anschaulichkeit ist das Verdienst Luciano De Crescenzos (von Haus aus Ingenieur!), der sich selbst einen Übersetzer nennt: »Ich übersetze die Sprache der Intellektuellen in eine normale Sprache.« Erzählend führt er uns durch das Leben und die Geisteswelt der Philosophen und errichtet ein Pantheon der antiken Geister. So erfahren wir anekdotisch und anhand prägnanter Beispiele, was an den Stoikern stoisch war und was es mit dem Skeptizimus der Skeptiker auf sich hatte. Und nachdem wir das Innere einer großen Höhle betrachtet haben, helfen uns zweierlei Typen Hühner dabei, endlich zu begreifen, wie die platonische Ideenlehre funktioniert. Das ist fröhliche Wissenschaft – und ein reines Lesevergnügen.

Die behutsam erzählte Geschichte einer unmöglichen Liebe zwischen einer jungen Frau und einem alternden Mann; eine Liebesgeschichte, die im Winter beginnt und im Frühling endet und auch von Einsamkeit, von verpassten Lebenschancen, erzählt. Kamp ist arbeitslos, und bald wird er vorzeitig zum Rentner erklärt werden. Er kann nicht verstehen, dass die junge Claudia immer wieder zu ihm kommt. Er argwöhnt, dass ein böser Plan dahintersteckt, und beschließt, die törichten Hoffnungen für immer zu begraben und sich aufs Sterben einzurichten. Aber Claudia kommt zurück, und die Geschichte dieser Beziehung nimmt einen ganz anderen Ausgang, als Kamp erwartet hat. »So wie Simenons beste Arbeiten mehr als nur Kriminalromane sind, so ist auch dieses Buch mehr als eine Liebesgeschichte«, schrieb Werner Fuld in der *Frankfurter Allgemeinen Zeitung.*

Für die Rettung der jüdischen Frau Seidenman verknüpfen sich die Geschicke einer Handvoll Menschen zu einem Stück polnischer Geschichte. Andrzej Szczypiorski zeichnet vielschichtige Figuren, die im Warschau der deutschen Okkupation vor einem Horizont des Grauens um das Überleben kämpfen. Er erzählt von Opportunisten, Gerechten und Ungerechten, Patrioten, Todgeweihten, Verliebten, Naiven und Henkern, von ihrem Leben, ihrer Vergangenheit, ihren Todesarten. Ein dramatisch gerafftes und brillant komponiertes Buch voll von Poesie, leisem Humor und harter Lebenswirklichkeit. Ohne je ins Moralisieren zu verfallen, spricht Szczypiorski vom besetzten Warschau im Zweiten Weltkrieg – von den finsteren Zeiten, die er während des Warschauer Aufstands und danach im Konzentrationslager Sachsenhausen selbst durchlebt hat.

Hartmut Langes Novelle spielt in der Totenwelt des Nachkriegsberlin, einer Geisterwelt der Verstorbenen: Opfer wie Täter fristen gemeinsam ihr Dasein im Schattenreich. Regelmäßig trifft sich so auch post mortem die jüdische Crème Berlins, beinahe ausnahmslos von den Nazis ermordet, in Frau Altenschuls Salon. Als der jung getötete Pianist Lewanski in ihrem Kreis erscheint, plant Frau Altenschul ein Konzert mit seiner Interpretation der E-Dur Sonate opus 109 von Beethoven. Seine Musik rührt auch die Täter. Sie verstecken sich, von Frau Altenschuls Gesellschaft ausgeschlossen, schweigsam in Sträuchern und Balkonnischen und hoffen lauschend auf die Befreiung von ihrer Schuld. Wird Lewanski seinen eigenen Tod, den Mord durch einen Nazi, mit der Kunst überwinden? Eine kristallklar komponierte Geschichte über die Möglichkeiten der Erlösung.

Die bildhübsche Monika Heer ist spurlos verschwunden. Als Lehrerin war sie zum Italienischlernen aus der Schweiz nach Florenz gekommen und dann geblieben, um illegal bei einem Töpfer in einer nahen Kleinstadt zu arbeiten. Maresciallo Guarnaccia kontaktiert seinen Kollegen Niccolini in der Provinz. Der joviale Römer durchschaut die Verstrickungen seiner kleinen Gemeinde nicht, in der jeder mit jedem verwandt ist, und ist ratlos, als die Leiche der jungen Frau unter einem Haufen Tonscherben entdeckt wird. – Wie üblich braucht die gebürtige Engländerin und Wahlflorentinerin Magdalen Nabb keine Angstszenarien oder Verfolgungsjagden, um einen spannenden und intelligenten Krimi zu erzählen. Kein Geringerer als Georges Simenon war ihr Fan: »Sie gehört mit Abstand zu den originellsten Kriminalschriftstellern.«

»Alles ist ein Märchen«, so Novalis. Aber nicht jede Märchensammlung ist wie das *Große Märchenbuch* – ein Hausbuch für die ganze Familie und märchenhaft schön. Christian Strich, auch bekannt als Diogenes Verleger Daniel Keel, hat 100 schaurig-schöne Märchen aus Europa dafür zusammengetragen – Bewährtes von den Brüdern Grimm oder Andersen, aber auch Unbekanntes aus West und Ost –, und in Tatjana Hauptmann hat er eine kongeniale Partnerin gefunden. Mehr als 600 Zeichnungen und Aquarelle finden sich in diesem Prachtband, kaum eine Seite hat die Illustratorin ausgelassen –, von großen, kühn kolorierten Farbtafeln bis hin zu winzig kleinen Vignetten, in denen noch jede Locke und jeder Hosenknopf so detailverliebt gezeigt werden, dass man gar nicht anders kann, als an die Existenz dieser Zwerge, Meerjungfrauen und Dämonen zu glauben.

Spanien, 1932: »Eines Tages sah sich Aurora Rodriguez veranlasst, ihre Tochter zu töten.« So beginnt die wahre Geschichte der Aurora Rodriguez. In Zeiten überkommener Traditionen und bigotter Moralvorstellungen stößt die junge Aurora auf der Suche nach Selbstverwirklichung an die Schranken gesellschaftlicher Konventionen. Ihre einzige Hoffnung: »ein Kind in die Welt zu setzen, das die Menschheit oder einen Teil derselben befreien sollte«. Und ihr Wunsch scheint sich zu erfüllen: Ihre Tochter Hiltegart studiert Jura, wird Sozialistin und publiziert Texte zur Gleichstellung der Frau. Doch als sie sich auch von ihrer Mutter emanzipieren will, kommt es zum Bruch zwischen den beiden... Virtuos montiert Hackl historische Dokumente und Erzählpassagen in seinem packenden Debüt. »Kleistisch erzählt«, befand *Die Weltwoche* aus Zürich.

Faith erinnert sich an ihre Tante Vera Hillyard, die als eine der letzten Frauen wegen Mordes gehenkt wurde: »Nach über einem Vierteljahrhundert ist sie in mein Leben zurückgekehrt. Hier ist sie nun, ein linkischer Gast, wie immer, wenn sie nicht unter ihrem eigenen Dach war. Ich sehe sie fast vor mir, nicht jene junge, blonde, ernsthafte Vera von den Fotografien, sondern meine magere, nervöse, pingelige und nur zu oft lächerliche Tante.« Der Fall Hillyard wird wieder aufgerollt. Briefe, Interviews, Erinnerungen, alte Fotografien fügen sich zum Psychogramm eines Falles, einer Familiensaga des Wahnsinns zusammen. Schicht um Schicht entblättert Barbara Vine die Scheinidylle eines englischen Dorfes und entblößt schließlich ein Moralkorsett, dessen psychischer Druck nur noch ein Verbrechen sprengen konnte.

Mikage liebt Küchen. Die gut organisierten Küchen, in denen alle nötigen Geräte zum Gebrauch säuberlich aufgehängt sind und in denen Sauberkeit und Wärme vorherrschen. Aber auch die dreckigen, in denen man durch Gemüsereste watet und wo seit Wochen keine Handtücher gewaschen wurden. Wenn sie nachts die Sorgen plagen, legt sie ihren Futon neben den Kühlschrank und hört dem Surren zu, bis sie beruhigt einschläft. Mikage ist vom Tod umgeben. Als auch noch ihre Großmutter, ihre letzte Verwandte, stirbt, lässt sie sich von einer eigenartigen Ersatzfamilie aufnehmen, von einer Frau, die eigentlich ein Mann ist, und von einem seltsamen Seelenverwandten ihres Alters. Als sie die Küche ihres neuen Heims sieht, ist sofort klar: Das ist eine gute Küche. Erschöpft schläft sie auf dem großen Sofa ein und weiß: Jetzt wird alles anders.

Der junge andalusische Schafhirte Santiago träumt wiederholt denselben Traum: Ein Kind führt ihn zu den ägyptischen Pyramiden und weissagt ihm, er werde dort einen verborgenen Schatz finden. Von einer Zigeunerin und einem alten Mann ermutigt, macht sich Santiago auf den Weg. Auf seiner Reise nach Ägypten trifft er verschleierte Frauen und kriegerische Berber, aber vor allem Menschen, die ihn dazu ermuntern, die Geheimnisse der Welt zu erkunden. Und er erfährt die Liebe in ihrer schönsten Form. Fatima und der weise Alchimist helfen ihm, den Schlüssel zum inneren Glück und zum völligen Einklang mit der Welt zu finden. Ein Buch, reich an orientalischer Weisheit; eine Geschichte von wunderbarer Schlichtheit und kristalliner Klarheit, ein warmherziges Buch, das Mut macht, den eigenen Lebenstraum Wirklichkeit werden zu lassen.

»Was macht ein Jude am Schabbesmorgen in einem Porsche?« – so der Vorwurf an Max Breslauer, nachdem er einen chassidischen Jungen auf dem Weg zur Synagoge angefahren hat. Eine Frage, die weitere Fragen nach sich zieht: »Was bin ich eigentlich? Ein Jude? Ein Goi?« Max, assimilierter Jude aus dem Amsterdamer Yuppie-Milieu, Erbe eines Textilimperiums, landet auf der Couch einer Analytikerin. Der Vater, ein wandelndes Archiv jiddischer Redensarten, überlebte das KZ, um dann in seinem Mercedes in einem See bei Amsterdam zu ertrinken. Seine große Liebe Esther verlor Max an Jahwe. Als sich dann auch noch sein Bruder Boy in eine marokkanische Jüdin aus einer armen, gläubigen Familie verliebt, scheint Max der Einzige, der nicht in den Schoß der Tradition zurückfindet. Die Geschichte eines Generationenkonflikts, sprühend von Humor.

Die Versicherungsangestellte Rosi Hirte trägt eine Garçonne-Frisur, kleidet sich altersgemäß und meint, das Kapitel Liebe mit einem gewaltigen Defizit abschließen zu müssen. Bis sie mit zweiundfünfzig Jahren ihren Auserwählten trifft, der davon jedoch noch nichts ahnt. Jetzt erwacht in der frisch Verliebten neuer Tatendrang, denn bis zum gemeinsamen Glück gilt es noch einige Hindernisse und Nebenbuhlerinnen aus dem Weg zu räumen. Rosi sorgt ganz pragmatisch und sehr zielstrebig dafür, dass ihr Traummann von ihr Notiz nimmt. Und als es erste Komplikationen gibt, scheut sie keinen Aufwand, um ihn dennoch zu erobern. Mit köstlich trockenem Humor erzählt Ingrid Noll in ihrem klirrend bösen Erstlingsroman davon, wozu eine Frau fähig ist, wenn sie ihre vermeintlich letzte Chance zum Liebesglück gefährdet sieht.

»Manche Menschen scheinen die Gesetze von Natur aus in sich zu tragen. Sie lesen keine Bücher und haben doch eine Meinung, eine Überzeugung, eine Vorstellung davon, wie die Welt sein soll. Sie sind von der Richtigkeit ihrer Ansichten überzeugt und brauchen nirgendwo nachzuschlagen, wie sie über dies oder jenes zu denken haben. Ich begriff nicht, wie das möglich war.« In sieben Jahren begegnet die Erzählerin dieses modernen Entwicklungromans, einer lakonischen Abrechnung mit dem Bildungsmüll unserer Tage, sieben Männern: dem Astrologen, dem Epileptiker, dem Philosophen, dem Priester, dem Physiker, dem Künstler und dem Psychiater. Die junge Studentin begehrt an diesen Männern vor allem das Wissen, das sie befähigt, die Welt zu beurteilen. Sie versucht die Gesetze, die ihr Leben bestimmen, zu ergründen, sucht nach Halt in einer unsicheren Welt.

Das Multitalent Tullio Pericoli arbeitet als Grafiker, Illustrator, Wandbildner und als politischer Satiriker. Seine Leidenschaft jedoch gehört dem Porträtieren. Seine Zeichnungen zeigen nicht immer die beste Seite seiner ›Modelle‹, sicher aber ihre interessanteste. Er ist nie boshaft, sondern spielt mit den Schwächen und Stärken der Charakterköpfe. *Portraits* ist eine rund zweihundert Bilder umfassende Galerie großer Dichter und Denker, Filmer, Maler und Musiker von Adorno bis Zavattini über Allen, Andersch, Borges, Buñuel, Capote, Čechov, Darwin, Dürrenmatt, Di Chirico, Einstein, Elias, Faulkner, Gandhi, Gould, Habermas, Joyce, Kafka, London, Marx, McEwan, Montaigne, Mozart, Orwell, Pasolini, Poe, Proust, Roth, Sartre, Schnitzler, Shakespeare, Simenon, Stravinskij, Tokarjewa, Valéry, Wilde, Wittgenstein, Woolf und vielen anderen.

Flandern im 16. Jahrhundert. Ein Junge wird Zeuge einer schaurigen Szene: Spanische Schergen führen drei Bürger zum Galgen und hängen sie. Wahrscheinlich sind es Ketzer, denkt der Junge, und hält den Eindruck rasch in einer Skizze fest. Ein Mönch geht wegen seines gottlosen Gekritzels hart ins Gericht mit ihm. Noch ist er jung genug, um sich aus der Affäre zu ziehen, doch bald gerät er in ernste Schwierigkeiten mit der Obrigkeit… Der Junge heißt Pieter Bruegel, und aus jener Skizze vom Galgen wird später ein weltberühmtes Gemälde entstehen. Bruegel, dessen Existenz immer wieder aufs Prekärste von der Inquisition bedroht wird, schlägt sich unbeirrbar im düsteren Flandern des 16. Jahrhunderts durch. Eine spannende historische Erzählung über das Leben eines Künstlers und ein Zeit- und Sittengemälde einer turbulenten Epoche.

Wenn es eine Hölle für Journalisten gibt, so ist sie hier beschrieben. Der Teufel in Gestalt des Literaten Prétextat Tach, eines schwerkranken, adipositären, also fettleibigen, Misanthropen, sitzt in seinem düsteren Zimmer. Hinterlistig manövriert er jeden Journalisten, der ein Gespräch mit ihm wagt, in die Kapitulation. Bis ein ebenbürtiger Gegner auftaucht: eine junge Frau, die begriffen hat, dass seine Abscheulichkeit nur Maske ist, hinter der sich ein tragisches Geheimnis verbirgt. Der brillante Dialog der beiden klirrt von Boshaftigkeit, Finten und Bluffs, die Hiebe werden eingesteckt und pariert. Wenn Sprache je eine Waffe war, so liefern sich hier zwei unnachgiebige Gegner ein Meistergefecht. Eine Satire auf den Medienbetrieb und eine makabre Abhandlung über die Wirkung der Literatur, hinter der sich nach und nach ein ganzer Kosmos öffnet.

Sein Vater war Buchbinder und besaß eine Kartonfabrik. Zwei Onkel waren Schriftenmaler. Zwei weitere hatten ein Schreibwarengeschäft – Papier und Farben umgaben Saul Steinberg schon früh. Im Bukarest der Bauern, Zigeuner, Dadaisten und Geschäftsleute, der Straßencafés und Hinterhofwerkstätten wuchs er auf. Dieses halb mondäne, halb urtümliche Ambiente fand er wieder, als er sich – den italienischen Faschisten entkommen – in New York niederließ, für den *New Yorker* zu zeichnen begann und mit Künstlern wie Magritte, Chagall und Pollock verkehrte. Aus Gesprächen mit seinem Freund Aldo Buzzi entstand ein Mosaik aus Erinnerungen, Anekdoten und Kunstbetrachtungen, in denen uns Steinberg mit einer Mischung von Zurückhaltung und Offenheit entgegentritt. Er skizziert die Stationen seines Lebens und erzielt mit feinem Strich größte Wirkung.

Commissario Brunettis erster Fall beginnt mit der Premiere der *Traviata* im Opernhaus La Fenice – und mit einem Skandal: Vor dem letzten Akt wird der Dirigent Helmut Wellauer tot aufgefunden. In seiner Garderobe riecht es nach Bittermandeln – Zyankali. Ein herber Verlust für die Musikwelt, ein heikler Fall für Brunetti. Seine Ermittlungen ergeben, dass etliche Leute allen Grund gehabt hätten, den Dirigenten zu ermorden. Allen voran seine Frau. Opernsänger und Regisseure, eine lesbische Archäologin, eitle Polizisten und eine ehemalige Operndiva, deren Karriere im Krieg mysteriös endete – sie alle wissen viel und verheimlichen noch mehr. Guido Brunetti entdeckt nach und nach einen wahren Teufelskreis aus Ressentiments, Verfehlungen und Rachegelüsten. Ein intimes Porträt Venedigs und das Debüt eines liebenswerten Polizisten mit einem intakten Familienleben.

Nur eines ist schöner als die Liebe: Geschichten über die Liebe. Zu dieser Erkenntnis kommt eine junge Frau, als sie eine Reihe von Verliebten befragt, die alle irgendwie miteinander in Beziehung stehen. Was löst ihn aus, den berühmten *coup de foudre?* Erstaunliche Taktiken werden verraten, wie Er oder Sie sich vor Enttäuschungen schützt. Da gibt es die Männerjägerin, den Mädchensammler, aber auch die heroisch Liebende, die einer unerwiderten Liebe hartnäckig die Treue hält. Es gibt die schwermütig Leidenden, die sich schwören »nie wieder« – bis zum nächsten Mal. Mit viel Humor und in einer bilderreichen, ungewohnt wortschöpferischen Sprache streut die Autorin Lebensweisheiten ein. Eine Art modernes *Decamerone,* das in einer Atmosphäre schwebender Erotik die verschiedensten Stadien und Spielarten der Liebe beschreibt.

Zunder ist eine Anklageschrift, oft aufbrausend, mal sarkastisch, immer aufrüttelnd: Gewalttätigkeiten, harsche Wirklichkeiten und geplatzte Träume ziehen sich als rote Fäden durch dieses Buch, das vom Rassismus in den Pariser Banlieues erzählt, dem *wargasm* der amerikanischen Kriegsherren im Ersten Irakkrieg, dem Gemetzel in Bosnien, blutrünstigem Fundamentalismus in Algerien, ethnischen Säuberungen in Armenien. Und auch Meienberg selbst bleibt nicht verschont: Er erhält Drohbriefe wegen seines Engagements gegen den Golfkrieg, adressiert an Niklaus Saddam Meienberg, und wird Opfer eines Überfalls. Diese unbequemen Reportagen, die nichts von ihrer Wucht verloren haben, sind sein Vermächtnis: *Zunder* erschien 1993. Im selben Jahr setzte Meienberg, dieser Moralist, Radikaldemokrat und ›Nestbeschmutzer‹, seinem Leben ein Ende.

Kommissär (sic!) Peter Hunkeler aus Basel, »gewesener Familienvater, jetzt geschieden«, betritt die literarische Bühne: ein enger Verwandter von Simenons Commissaire Maigret und Glausers Wachtmeister Studer. Ihn »interessieren nicht Fingerabdrücke und Schmauchspuren, sondern Menschen«. Anders als Simenon trinkt er keinen Schnaps – den verträgt er nicht, sondern nur Bier (daher wohl sein leichter Bauchansatz) und Wein, dafür raucht er wie ein Schlot. Sein Temperament: hitzig, eigenbrötlerisch, knurrig. Als Alt-68er fühlt er sich manchmal bei der Polizei am falschen Ort. Und nicht immer hält er sich an die Dienstvorschriften, weshalb er auch im Dauerclinch mit seinem Kollegen Madörin liegt. Ein echter *angry old man,* der es in seinem ersten Fall mit der Drogenmafia zu tun bekommt und mit Kieseln besonderer Art: mit Brillanten.

»Der Name meiner Mutter ist Judith. Ihre Hände dufteten angenehm nach Zitronenblättern, und immer trug sie ein blaues Kopftuch. Sie hörte auf dem linken Ohr schlecht und ärgerte sich, wenn jemand sie von dieser Seite ansprach. Den Namen meines Vaters kennt kein Mensch. Auch ich kann darüber nur schweigen, denn drei Männer hielten mich für ihren Sohn.« Der erste züchtet Kanarienvögel und lässt einen ganzen Schwarm für Judith in den Himmel steigen. Der nächste, ein Viehändler, bringt ihr jede Woche eine Flasche Grappa, um etwas Zeit mit ihr zu verbringen. Der dritte, ein Bauer, will sie hintergehen und kommt nur knapp mit dem Leben davon. Diese drei lässt Judith zurück, als sie bei einem Unfall ums Leben kommt. Und Jakob, der diese Geschichte voller Rätsel, Trauer und Witz mit viel Liebe und Sinnlichkeit Judiths Sohn erzählt.

»Durch Amsterdam verlief eine geheime Spur von Mädchen und Frauen mit falschen Namen, bei denen ich geklingelt hatte. Nie war ich danach zu einer von ihnen zurückgekehrt, denn was einmalig war, musste einmalig bleiben. Schon beim Nachhausegehen hatte ich alles wieder vergessen. Die Perücken, die gefärbten Haare, die Waschbecken, wo sie mich gewaschen hatten, und vor allem das Gesicht der einen, die ich wieder nicht gefunden hatte und auch niemals finden würde.« Die provozierende Lebensgeschichte eines jungen Mannes aus jüdischem Elternhaus, der nicht weiß, zu wem er gehört: der zweiten Generation der Holocaust-Opfer oder der »Generation Nix«. Ein Taugenichts, der nichts mehr hasst als Heuchelei und immer tiefer und tiefer sinkt. Als »tragischen Slapstick« hat Grünberg seinen modernen Entwicklungsroman bezeichnet.

»Du bist vor zwei Monaten abgereist, und seit zwei Monaten habe ich, abgesehen von einer Postkarte, auf der du mir mitteilst, dass du noch lebst, keine Nachricht von dir. Ich weiß, dass wir bei deiner Abreise unter anderem vereinbart haben, wir würden uns nicht schreiben, und schweren Herzens halte ich mich daran. Diese Zeilen werden nie den Flug nach Amerika antreten, um zu dir zu kommen. Wenn ich bei deiner Rückkehr nicht mehr da sein sollte, werden sie hier auf dich warten.« So beginnt das Brief-Tagebuch von Großmutter Olga an ihre Enkelin. Es ist das Geständnis einer innigen Liebe angesichts des Todes. Vieles ist schiefgelaufen in der Familie, was die beiden entzweit. Und dennoch findet sich in diesem Weisheitsbuch inneres Glück – und im eigenen Herzen, wenn man den Mut hat, darauf zu hören.

Auf dem Nachhauseweg gerät der fünfzehnjährige Michael Berg in eine heikle Situation. Eine Frau, Mitte dreißig, kümmert sich um ihn. Später besucht sie der Junge, um sich zu bedanken. Und er kommt wieder. Hanna ist die erste Frau, die er begehrt; eine heimliche Liebe beginnt. Doch es ist etwas Düsteres, Reizbares um Hanna, seine Fragen über ihr Leben weist sie schroff zurück. Eines Tages ist sie plötzlich aus Michaels Leben verschwunden – aber nicht aus seinem Gedächtnis. Erst Jahre später, als Jurastudent, trifft er Hanna im Gerichtssaal wieder und erleidet einen Schock: Er hat eine Verbrecherin geliebt. Die Vergangenheit holt ihn ein – seine eigene Geschichte und die der Deutschen. Michael muss erleben, dass er von beiden nicht loskommt. Eine Frauengestalt, mit der man auch als Leser nicht einfach fertig wird. Und das Dilemma einer Generation.

Oje, Ansprachen. Gibt es Langweiligeres? Meist sind sie zu lang, fast immer missraten sie. Anders die Reden in diesem Buch: »Meine sehr verehrten Damen und Herren, wenn wir in dieser Feierstunde … nur das hat Bedeutung, so meine ich … *durch* oder besser *im* Sinne der musikalischen Glaubwürdigkeit als Selbstverständnis im Sinne kultureller Verpflichtung unter der Maxime: Wer, wo, was und warum … Hier liegt die unverzichtbare Aufgabe unserer geteilten Stadt.« Ein rhetorisch brillanter Auftakt dieses Buchs, über das der preußische Humorist vom Starnberger See sagte: »Da liegt es nun … und weist nach, wann und wo es mir nicht gelang, das Wort zu ergreifen.« Keine Rede vor den Vereinten Nationen, nichts zur Lösung des Nahost-Konflikts – aber die lustigsten Dankes-, Lobes-, Geburtstags- und Jubelreden, die man sich nur denken kann.

Dies ist die Geschichte von Paul Tamburin, von einem, der nie die Tour de France gewinnen wird. Von einem, der ausgerechnet durch einen Mangel an Talent den allerbesten Freund findet und – obschon »ein Mädchen noch komplizierter konstruiert ist als ein Campionissimo-Schaltwerk« – die Frau fürs Leben. Und der das Allerschwierigste schafft: ein glücklicher Mensch zu werden. Mit diesem Büchlein ist Sempé abermals ein stilles Meisterwerk gelungen – eine Hommage an das Fahrrad, an die Liebe, die Freundschaft und an die französische Provinz, wie nur er sie einzufangen vermag. Seine feine Zeichnungen vereinen die ihm so eigene Detailverliebtheit, den leisen Spott, der seine Figuren doch nie ins Lächerliche zieht, und unendlich viel Charme. Dass es mit den ins Deutsche übertragenen Worten ebenso ist, dafür sorgte Sempés Freund Patrick Süskind.

Viktor ist ein Tagträumer, der Schriftsteller sein will. Seine Kurzgeschichten sind so kurz, dass er, selbst wenn sie sich verkaufen würden, vom Erlös niemals leben könnte, schon gar nicht im Kiew der Neureichen und der Mafia. Gemeinsam mit seinem depressiven und schlaflosen Pinguin Mischa fristet er ein tristes Dasein: Zwei Einsamkeiten gesellen sich zueinander. Eines Tages bietet ihm der Chefredakteur einer großen Tageszeitung eine Arbeit an: Viktor soll Nekrologe auf wichtige Persönlichkeiten schreiben, während diese noch im Leben stehen. Eifrig stürzt er sich in die Arbeit. Als die nachgerufenen Prominenten reihenweise nach Viktors Liste zu sterben beginnen, wird ihm langsam mulmig… Mit Viktor und seinem Pinguin wird die postsowjetische Ukraine von der typisch Kurkow'schen Absurdität in die Mangel genommen.

»Die Tausendmarkscheine flatterten wie Schwalben am Himmel und drehten im Schwarm ein paar Kreise gegen die untergehende Abendsonne. Als Fred auf zwei Fingern pfiff, kamen sie und schlüpften zurück in seine Hosentasche…« Fred, Nickel und Annette – sie sind jung, die Welt steht ihnen offen. Sie haben einen gemeinsamen Traum: Kanada. Dort müsste man leben, weit weg vom Mief der deutschen Provinz. Doch von Dieburg nach Vancouver kommt man nicht ohne Umweg. Für Fred führt er über den Knast in das Berlin nach dem Mauerfall, wo er die Freunde und sein Geld abholen will. Doch *the times they are a-changin'*. Jakob Arjouni erzählt treffsicher und frei von Larmoyanz von der Bundesrepublik, Berlin, der Provinz und von einem, der sich nicht unterkriegen lassen will, nicht von seinem Land, nicht von seinen Freunden.

Ein Roman über die Unberechenbarkeit der Erinnerung. Der Zerfall beginnt langsam: Konrad Lang, Mitte sechzig, legt seine Brieftasche versehentlich in den Kühlschrank. Dort findet seine Freundin Rosmarie einen Zettel mit Gedächtnisstützen, zuunterst ihren eigenen Namen mit Ausrufezeichen versehen. Die Alzheimerkrankheit hat Lang immer mehr im Griff, doch während sein Neugedächtnis langsam schwindet, tauchen vermehrt früheste Erinnerungen auf. Und das beunruhigt die millionenschwere Elvira Senn, die mit Lang seit seiner Kindheit aufs Seltsamste verbunden ist. Während dieser immer pflegebedürftiger wird, bedrängen seine Erinnerungsschübe die alte Dame so sehr, dass sie sich zum Handeln gezwungen sieht … Eine ungemein packende Geschichte über eine verdeckte Vergangenheit: Fallstudie, Gesellschaftsroman und Thriller in einem.

Sie sind über dreißig und Single. Das hat in Tel Aviv nicht den Beiklang von Freiheit und Abenteuer. Neidisch schauen sie Freunden in den Kinderwagen, verzweifelt sehen sie sich nach Partnern um, Bekannte helfen mit Blind Dates, denn wer hier mit über dreißig nicht verheiratet ist, gerät ins Abseits. In *Liebe pur* haben ein Mann und eine Frau ein solches Blind Date. Als der Mann die Frau nach Hause bringt, läuft ihnen ein junger Hund über den Weg. Beide sind fasziniert von dem Welpen, aber eigentlich kann keiner von ihnen einen Hund gebrauchen. Die Frau fragt den Mann, ob er auf einen Kaffee mit hochkäme, der Hund dürfe auch mit, bekomme etwas Feines zu fressen, aber dann müssten beide wieder gehen. Der Mann bleibt über Nacht – auch der Hund darf bleiben und wird zum Maskottchen einer Liebesbeziehung, die einer Achterbahnfahrt gleicht.

Zuweilen wird er als Karikaturist bezeichnet, dabei sind seine Arbeiten kunstvoll gezeichnete Gedanken. Flora ist ein Künstler mit Witz und Seele. Und Witz und Seele zeigt er auch als Schriftsteller: Dieser Band versammelt seine Gedanken über Kunst, Kino, sich selbst und vieles mehr, die nie abgedroschen sind, selbst wenn sie vom vielbesungenen Venedig erzählen. Er widmet sich Künstlern wie Charlie Chaplin und Alfred Kubin, Altösterreichern und verführerischen Venezianerinnen, Abenteurern und Dämonen, Rittern und Monarchen, Gipfelstürmern und Seeschlachten. Ein Panoptikum aus Floras Welt, wie wir sie aus seinen Zeichnungen kennen, eine heiter-melancholische Offenbarung, immer freundlich und doch deutlich genug – das betrifft auch die venezianischen Tauben, wo Raben schließlich so viel besser in die umflorte Serenissima passen würden.

Bill Moss hasst seinen Job, macht ihn aber gut. Seit er seine Stelle in einer Werbefirma verloren hat, arbeitet er in einem Call Center – schon zu lange für sein Selbstwertgefühl. Während er kaum die Miete für den nächsten Monat aufzubringen weiß, träumt seine Freundin Julie vom Heiraten und Kinderkriegen inklusive schmuckem modernem Hochhaus mit Portier, Aufzug und Fitnessstudio. Eine schlechte Konstellation. Zu den täglichen Demütigungen und Frustrationen beim Billigjob kommen immer häufiger die Streitereien mit Julie. Die Situation spitzt sich zu, bis ihm vollkommen unerwartet eine Beförderung angeboten wird. Wie ein Ertrinkender klammert sich Bill an diese Chance und stürzt sich in die Arbeit. Ärgerlicherweise weckt er dadurch in seinem Vorgesetzten Konkurrenzangst, und es kommt zu einem Mord im Affekt …

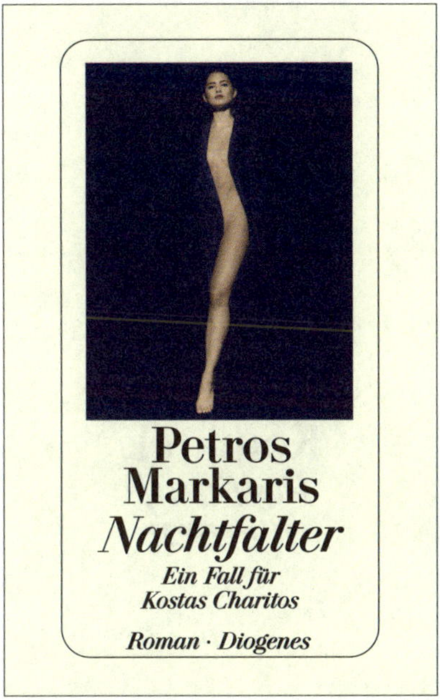

Andere bringen aus den Ferien Honigmandeln und Sesamplätzchen mit – Kostas Charitos eine Leiche. Sein Urlaub wurde von einem Erdbeben gestört, das Risse in sein Ferienhaus trieb, aber auch einen Erdrutsch auslöste, durch den ein vergrabener Toter plötzlich die griechische Sonne erblickte. Gemeinsam mit dem Toten, der offensichtlich gewaltsam ums Leben kam, kehrt der überarbeitete Charitos nach Athen zurück, wo ihn Smog und stinkende Abfallberge erwarten – die Müllabfuhr streikt. Da ereignet sich ein weiterer Mord. Koustas, einer der Großen aus dem Rotlichtmilieu, wurde vor seinem Nachtlokal erschossen. Kommissar Charitos taucht tief ein in die verworrene Geschichte, die von politischer Korruption über familiäre Verstrickungen bis zu Manipulationen in der lokalen Fußballliga alle Spielarten der griechischen Intrige enthält.

In Brunndorf im niederösterreichischen Weinviertel kennt jeder jeden, und Gerüchte machen schnell die Runde. Simon Polt, der sympathische Gendarmerie-Inspektor, ist in diesem Milieu verwurzelt. Der große Mann, der aussieht, als hätte er seinen Babyspeck nie ganz abgelegt, ist in die Lehrerin Karin verliebt und lebt mit seinem Kater Czernohorsky. Der introvertierte, sensible Inspektor hat einen starken Sinn für Gerechtigkeit und wendet ungern Gewalt an – zuweilen holt ihn seine melancholische Seite ein. In seinem ersten Fall steht er vor der Leiche Albert Hahns, der in seinem Weinkeller durch Gärgas umgekommen ist. Ein Unfall? Ausnahmsweise ist sich das ganze Dorf darin einig, dass es diesmal den Richtigen erwischt hat, sogar seine Witwe ist erleichtert über den Tod des unbeliebten Mannes. Aber unterirdisch sind alle Presskeller verbunden…

»Der Melchior, genannt der Melk, war ein Quatemberkind. Das wird nur wenigen etwas bedeuten – sagen wir also, er sei ein trauriges Kind gewesen, ein weitsichtiges. Ein Kind, das Dinge sieht, die anderen verborgen bleiben.« Quatemberkinder sind nicht wie andere Kinder – sie leben nicht nur unter den Menschen, sondern auch in der Welt der Sagen und Mythen. Melchior verbringt seine Jugend auf der Alp, zwischen rauhen Sennen und wilden Berggeistern, und dort trifft er auf das unbändige Vreneli. Bald sind die beiden unzertrennlich. »Anders als der Bub, war das Vreneli ein Vorlautes, das es in keiner Stube lange aushielt und stets bald wieder das Freie und die Berge suchte.« Als das Vreneli nach dramatischen Ereignissen verschwunden bleibt, treibt es den Melk zu einer rastlosen Reise. Eine wilde, anrührende, »meineidig schöne« Liebesgeschichte.

Der besonnene Perry und der Draufgänger Kris arbeiten als Meteorologen bei der BBC und lösen sich dabei ab, weitere englische Regentage vor der Kamera anzusagen. Doch als auf der Wetterkarte Hurrikan Odin auftaucht, hört sogar Perry auf, vernünftig zu sein, schließlich träumt jeder Meteorologe davon, einmal durch das Auge eines Hurrikans zu fliegen. Und so reisen die beiden auf die Cayman Islands in der Karibik: weißer Sandstrand, tiefblaues Meer. Die Idylle trügt. Nur wenige Kilometer entfernt wütet der Hurrikan. Gemeinsam fliegen Perry und Kris mitten hinein – und kommen als andere Menschen wieder heraus. Denn was sie gesehen haben, ist weit mehr als ein meteorologisches Phänomen, viel gefährlicher als ein Hurrikan. Ein klassischer Dick-Francis-Thriller, fundiert recherchiert, mit einem packenden Plot und vielen unerwarteten Wendungen.

»Rupert war klein, hatte eine Stirnglatze und machte einen eher ängstlichen Eindruck.« Er ist der geborene Underdog, aber er gibt nicht auf, sondern überwintert einfach zwischen seinen Hirngespinsten. Ob als Beatnik, Hippie, als Erbe einer unbedeutenden Kunstsammlung, als Hochstapler, Frauenheld oder Schauspieler – immer scheitert er und ist doch nicht unglücklich mit seinem Leben. Eigentlich interessieren ihn Wirklichkeit und Zeitgeist nämlich einen Dreck. Sein Leben spielt sich auf der Leinwand ab: in den Filmen von Steven Spielberg oder den Gemälden des Metropolitan Museum. Und vermutlich träumt er noch immer von einer Audienz bei Ronald Regan oder davon, wie Elizabeth Taylor mit Tränen in den Augen zu ihm aufschaut, während er seinen ersten Oscar entgegennimmt. Ein beschwingtes Buch über die Perversion des American Dream.

Die Geschichte einer schicksalhaften, mysteriösen Liebe. Max Lipschitz und Sabine Edelstein, beide Anfang zwanzig, lernen sich im Anne-Frank-Haus kennen. Die Annäherung ist heftig, die Liebe kratzbürstig. Andauernd und fast manisch möchte Sabine über die Geschichte ihrer Eltern reden; ihre Vergangenheitsbesessenheit löst sogar das Schweigen von Max' Vater, der sonst nie über seine KZ-Erlebnisse spricht. Sabine, unberechenbar und neurotisch, zieht kurz entschlossen bei Max ein. Doch dann verschwindet sie von einem Tag auf den andern, ohne jede Spur. Fünfzehn Jahre später, Max ist mittlerweile Verleger, begegnen sie sich wieder, auf der Frankfurter Buchmesse. Die Wunde schmerzt noch immer, und alte Fragen flammen wieder auf. Nur langsam kommt Max dahinter, welch tragischer Schock hinter Sabines Verschwinden stand.

Als sie ihn kennenlernt, in den zwanziger Jahren in der Stadt am See, ist sie jung, schön und reich, er dagegen ein mittelloser junger Mann, der nur eines im Kopf hat: Musik. Neue Musik. Ein Orchester gründen, das Bartók, Krenek oder Prokofjew spielt. All die jungen Komponisten, die damals kein Mensch kannte. Am Ende ihres Lebens ist er ein berühmter Dirigent und der reichste Mann des Landes, sie ohne Geld und immer noch und immer mehr von ihrer hoffnungslosen Liebe umgetrieben. *Der Geliebte der Mutter* ist die Geschichte einer »sturen Leidenschaft«, aufgezeichnet von ihrem Sohn, dem Kind eines anderen Mannes. Es ist der wunderbar schlichte, lakonisch-knappe Bericht einer Lebenstragödie, aus der Distanz erzählt. Ein tröstliches, manchmal beinahe heiteres Buch – die Liebeserklärung eines verlorenen Sohnes an seine verstorbene Mutter.

In Tibet werden die Worte großer Meister oft in Büchern gesammelt, die den Titel *Ratschläge des Herzens* tragen. Diese Tradition greift der Dalai Lama hier auf. Herausgekommen ist dabei nichts weniger als die Summe seiner Gedanken – Gedanken, die jeden von uns auf seinem Weg begleiten können, egal, woher wir kommen und was wir glauben. Der Dalai Lama wendet sich an uns alle. An die jungen und die alten Menschen, an Einsame und Gesellige, an die Kranken und die, die sie pflegen, an die Ängstlichen und die Zornigen, an Glückliche und Unglückliche, an alle, die viel arbeiten und wenig Freizeit haben. Kein Charakter, keine Lebenslage scheint ihm fremd. Er zeigt uns Möglichkeiten auf, unsere Schwierigkeiten zu überwinden und zu Gelassenheit und Glück zu finden. Denn er ist überzeugt davon, dass jeder das Recht hat, glücklich zu sein.

Deutsche trinken Bier. Türken essen Kebab. Und Kati Hirschel ist eine Deutsche, die sich in Istanbul seit dreizehn Jahren durchschlägt und stur gegen dieses und alle anderen Klischees ankämpft. Dass sie oft laut lacht, unpünktlich ist und allzu fleißigen Menschen nicht traut, interpretieren ihre türkischen Freunde als Zeichen dafür, dass Katis Integration bereits fortgeschritten ist. Worüber Kati laut lacht. Weil sie gern Krimis liest, hat sie eine Krimibuchhandlung eröffnet – ein naheliegender Gedanke. Aber dass sie gleich selber zur Kriminalistin würde, damit hat sie wohl nicht gerechnet. Frohen Mutes rutscht die türkische Deutsche mit der penetranten Neugier einer Miss Marple in ihre Fälle, in denen sie auch mal den Kommissar verführt, sich vom Mafioso betätscheln lässt und immer eine charmante, selbstbewusste und schlagfertige Detektivin abgibt.

Was als heiterer Ausflug beginnt, entpuppt sich für die langjährigen Freundinnen Dodo, Nora und Claire als Reise in eine Vergangenheit, die alles andere als unbelastet ist. Das Autorinnenduo erzählt in *Katzenzungen* aus wechselnden Perspektiven von einer Freundschaft, die so vielschichtig ist wie das Leben selbst. Es treten auf: Dodo, impulsiv und vital, alleinerziehend, nicht selten in finanziellen Nöten; die schöne, verschlossene Claire, die als Galeristin in München Karriere gemacht hat; und die bodenständige Nora, Rechtsanwaltsgattin und Mutter, die als Einzige geblieben ist, wo alle drei herkommen: im norddeutschen Pinneberg. Gemeinsam haben sie Schulzeit, Pubertät und erste Liebschaften erlebt, Glück und Schmerz geteilt. Doch jetzt kommen Geheimnisse zum Vorschein, die die Freundschaft der drei Frauen auf die Probe stellen.

Am heißesten Tag im Sommer 1935 wird die dreizehnjährige Briony Tallis im Landhaus ihrer Familie Zeugin eines eigenartigen Geschehens. In der Schwüle des Tages sind alle wie verwandelt: Was treibt die ältere Schwester mit Robbie Turner am Brunnen, was in einer dunklen Ecke der Bibliothek? Und wie ist jenes Wort in dem Brief zu verstehen, den sie nicht öffnen sollte? Mit Briony geht die Phantasie durch. Und noch am selben Abend verändert sich das Leben aller Beteiligten für immer… *Abbitte* ist ein Buch über Leidenschaft und die Macht des Unbewussten, über Schuld, Verantwortung, über Reue, die Schwierigkeiten der Vergebung und ein Buch über die Magie der Literatur. Ein episches Meisterwerk, einfach hinreißend in seiner Beschreibung von Kindheit, Krieg und Liebe. In leuchtenden Bildern ersteht ein ganzes Universum: Weltliteratur.

Tracy Pringle weiß nicht recht, was sie will. Ein Aushilfsjob folgt dem nächsten, den letzten hat sie gerade erst verloren. Doch mit ihrem neuen Job tritt auch die Liebe in ihr Leben, in Gestalt von Saman Sahar, genannt Sam, Sohn aus einer Teheraner Metzgerdynastie, Besitzer eines vegetarischen Restaurants in London, Oxford-Absolvent, Muslim und Mitglied in einem anglikanischen Kirchenchor. Alles könnte gut sein, gäbe es da nicht ein klitzekleines Problem: Er hat bereits zwei Frauen. Die Liebe zwischen Tracy und Sam ist eine Zumutung – für die Liebenden, ihre Eltern und für Tracys eifersüchtigen und rassistischen Exfreund. Zwei Welten prallen aufeinander: Ost und West, Reich und Arm, Fleisch und Gemüse, Poly- und Monogamie, Alt und Jung – eine hinreißende Gesellschaftskomödie, eine empörte Satire und ein große Liebesgeschichte.

Liebe? Damit hat Harry, 26, nichts am Hut. Er tut alles, um ein klischeefreies Leben zu führen. Und das größte Klischee von allen ist für ihn die Liebe. Nach seinem Abschluss an einer Elite-Universität hätte er in die Anwaltskanzlei seines Vaters eintreten können. Zu spießig. Nun arbeitet er als mies bezahlter Assistent in einem New Yorker Verlag, doch auch dort geht es nur um Geld und Karriere. Der einzige Lichtblick im Verlag: die wundervoll wunderliche Evi, deren Duft an ihm haftet »wie Sägemehl an Zimmerleuten«. Da kann Harry noch so viel witzeln: Er verliebt sich Hals über Kopf in sie. Doch die Worte »Ich liebe dich« existieren nicht in seinem Wortschatz. Sooft Evi ihn auch küsst, aus dem Frosch will und will einfach kein König werden. Ein sprühend geistreicher, tragikomischer Liebesroman – für alle jene, die Liebesromane hassen.

Salie weiß, dass weder Europa noch ihre senegalesische Heimat das Paradies ist. Anders ihr kleiner Bruder Madické, der ihr nach Frankreich folgen und Fußballer werden will. Dass Salies Überleben »von der Anzahl durchgescheuerter Putzlappen« abhängt, überhört Madické hartnäckig. Fatou Diomes Debütroman handelt von einer kämpferischen Außenseiterin, zuerst als uneheliches Kind in der Dorfgemeinschaft, dann als Senegalesin in Frankreich. Hochdynamisch und spritzig räumt Diome mit allen Vorurteilen auf: Sie kritisiert die traditionellen Strukturen des Senegal ebenso, wie sie in Europa Heuchelei, Intoleranz und Ungerechtigkeit aufspürt. Ein kraftvoller, rhythmischer Roman; denn auch hat Salie bereits mit zehn Jahren gelernt, »wie man mit Worten einen Krieg nicht nur beginnen, sondern auch gewinnen kann«.

Wie auf heißen Kohlen sitzt der neunzehnjährige Hasan Kazan in Istanbul und verfolgt den Mauerfall in den Nachrichten. Eine Revolution in Deutschland! Völlig aufgedreht fliegt er gegen den Willen seiner Eltern nach Berlin, seine Geburtsstadt, in der sein Vater ein Reisebüro betreibt, denn: *»If you make it in Istanbul – you make it everywhere!«* In beiden Städten aufgewachsen, ist er für die einen ein Almanci, für die anderen ein Kanacke, er selber bezeichnet sich grinsend als Berliner. Er landet in einer wirbelnden Stadt im Umbruch, wo sich Träume und Alpträume erfüllen. Sein Lieblingsspiel bei der Ankunft: Ossis von Wessis zu unterscheiden. Im Geschäft seines Vaters wird blitzschnell von Reiseangeboten auf Bananen-Orangenverkauf umdisponiert, es läuft! Und im allgemeinen Tohuwabohu gerät Hasan zufällig ins Filmbusiness.

Jeder lebt, aber irgendwie sind wir doch alle Dilettanten, überfordert in einer Welt, in der gestern alle Techno tanzten und heute Tango, in der man entweder arbeitslos ist oder sich zu Tode arbeitet, in der Fußballer auf einmal aussehen wie Frauen, die Frauen in der Fußball-WM aber besser abschneiden als ihre männlichen Kollegen. »Der Zweck des Lebens ist das Leben selbst«, sagte einst der Deutschen größter Dichter. So weise Goethe auch sonst gewesen sein mag, so wenig hilfreich ist doch dieser Satz. Zum Glück für uns gibt es Sławomir Mrożek: Mit Witz und geschliffenen Formulierungen rückt er der Absurdität unseres Daseins zu Leibe. Je grotesker und absurder seine Tipps, desto handfester und konkreter. Und umso größer der Lesespaß. »Mrożek ist Humorist – also meint er es besonders ernst«, so Marcel Reich-Ranicki.

Als man ihr als Vierzehnjährige die Schuhe versteckt, rennt sie barfuß aus dem Haus; mit sechzehn will sie einen Millionär heiraten; mit achtzehn angelt sie sich einen Touristen und reist nach Deutschland. Doch das Leben im goldenen Westen ist anders als in den Hochglanzzeitschriften. Ehemann Nummer eins wirft Nadka im Streit raus, Ehemann Nummer zwei entpuppt sich als Säufer. Vergeblich versucht Nadka – nun schon mit einem Baby im Arm – Arbeit zu finden. Als die politische Wende kommt, kann man auch in Russland reich werden, sofern man nur clever und skrupellos ist. Das war für Nadka noch nie ein Problem. Sie kehrt nach Moskau zurück und steigt ins Immobiliengeschäft ein. Schwierigkeiten sind für Nadka bloß Nüsse, die es zu knacken gilt – bis sie sich in einen verheirateten Mann verliebt…

Bei Starfrisör Tomas Prinz klingelt das Telefon. Es sind immer Notfälle. Prinz ist die verzweifelten Anrufe seiner Kundinnen gewohnt und lässt sich davon normalerweise nicht beeindrucken. Aber für Alexandra Kaspari macht er immer eine Ausnahme: Nach Feierabend bekommt die Beauty-Redakteurin ihren Termin. Als er ihre Haare mit gewohntem Feingefühl blondiert, weiß er noch nicht, dass sie zum letzten Mal bei ihm war. Alexandra Kaspari wird am Tag darauf ermordet aufgefunden. Sogleich brodelt es in der Gerüchteküche der Schönen und Schicken. Während die Polizei vor einem Rätsel steht, läuft Tomas Prinz' Telefon mit Informationen heiß, und die Verdächtigen setzen sich freiwillig auf seinen Friseurstuhl. Gemeinsam mit seiner Farbstylistin Bea und ihrer Intuition nimmt Tomas Prinz den Fall in seine gepflegten Hände.

Vielleicht ist *Vincent* die Fabel für das 21. Jahrhundert, eine schwarze Medienfabel. Foster Lipowitz, alt und todkrank, hat ein Medienimperium geschaffen, den Markt mit banalen Popsongs, miesen Filmen und zynischen Fernsehserien überschwemmt – und damit ein Vermögen gemacht. Am Ende seines Lebens will er der Menschheit etwas Gutes tun. In den Kornfeldern des Mittleren Westens gründet er eine Schule, auf der hochbegabte Kinder zu Künstlern erzogen werden. Da er weiß, dass Kunst von Kummer kommt, sorgt er dafür, dass seine Schüler davon nie zu wenig haben. Um die schmutzige Arbeit kümmern sich ›Beschützer‹. Wie Harlan, ein frustrierter Exmusiker. Und der nimmt seine Arbeit ernst. Sein Opfer: Vincent Spinetti, der Talentierteste von allen, der immer unglücklicher wird – und immer Größeres leistet.

Armand Leclair, Philosoph im Ruhestand, glaubt das Leben hinter sich zu haben. Vierzig Jahre lang dozierte er, dass Suizid ein Akt der Feigheit sei. Jetzt aber ist sein Freitod beschlossene Sache, hinter dem Natron versteckt warten Schlaftabletten. Doch dann verändert ein Zufall alles: Gerade macht sich Monsieur Armand zum Aussteigen aus dem Bus bereit, da fällt sein Blick auf den Nacken einer jungen Frau – und der Stock ihm aus der Hand. Pauline, 20, hebt ihn auf, sie steigen gemeinsam aus. Die magische Begegnung zwischen der jungen Frau und dem alten Mann geht anders aus, als man denkt. Gemeinsam stellen die beiden die Gesetze eines vermeintlich feindseligen Schicksals auf den Kopf. Scharfsinnig, einfühlsam und mit großer Zartheit erzählt Françoise Dorner eine Geschichte über das Geheimnis des Glücks.

Michele kann sich nicht beklagen: Er arbeitet als Journalist, trifft abends Freunde auf eine Pizza oder ein Bier, und die Frauen wickelt er im Nu um den Finger. Alles bestens. Bis sein Freund Federico sich ohne jede Vorwarnung plötzlich aus dem Staub macht. Für Michele unverständlich. Allein zurückgeblieben, stürzt er sich in die Eroberung von Francesca. Umwirbt sie mit Liebesbotschaften und überraschenden Ideen. Sein Charme verfängt: Michele und Francesca sind ein paar Monate im siebten Himmel. Doch Michele weiß, was auf solche Zeiten folgt. Was tun, wenn sich die Routine einschleicht? Michele hat keine Antwort darauf – bis ihn eine Nachricht von Federico wachrüttelt und auch er beschließt, einfach loszufahren. Den Leser nimmt er mit in die Ferne, auf die Suche nach seinem Platz in der Welt – und im eigenen Leben.

Philosophie kann man nicht lernen, man kann nur lernen zu philosophieren. Und philosophieren heißt, selbst zu denken. Dabei geht es oft um die Frage: Wie soll ich leben? Die Philosophie gibt keine absoluten Antworten, keine Rezepte. Aber Anregungen und Vorschläge, über die man nachdenken, die man verwerfen oder annehmen kann. André Comte-Sponville macht es uns vor. Er lässt uns dabei zuschauen, wie er seine Gedanken entwickelt. Sei es, indem er in sich hineinhorcht, sei es, indem er andere Philosophen zu Rate zieht, um mit ihrer Hilfe seine Gedanken zu formen. Ein intelligentes, für jedermann verständliches Buch mit zwölf philosophischen Betrachtungen über die großen Themen der Menschheit: über Liebe, Tod, Erkenntnis, Freiheit, Gott, Atheismus, Moral, Politik, Kunst, Zeit, Menschsein und Weisheit.

Liebe in Zeiten von schnellem Sex, Dauer-Small-Talk und SMS-Terror. Liebe? Diese Komödie handelt von fünf jungen Menschen, die sich an der Uni auf eine Zigarette treffen oder nachmittags zum Kaffee, rastlos zwischen Bibliotheken und wilden Partys umherirren, auf der Suche nach… ja, nach was eigentlich? Lili studiert Psychologie und würde gern verführt werden, Darius ist nicht abgeneigt, und Jule, seine Ex und beste Freundin von Lili, ist bald eifersüchtig. Sven kommt nirgends so richtig an. Und dann sind da noch Anna und Philipp, der nicht auf der Bühne erscheint und von dem umso mehr geredet wird. Schnell mischen sich die Paare neu. Alle sehnen sich nach Authentizität in einer Zeit der unbeschränkten Möglichkeiten. Hinter der coolen Oberfläche, der lockeren Dauerkommunikation sind bald Abgründe von Verunsicherung spürbar…

Die wunderbare Welt der Miranda July: Ein junges Mädchen verliebt sich in ein geheimnisvolles Wesen, einen körperlosen Schatten, der nachts von ihr Besitz ergreift. Ihr Glück ist vollkommen, bis sie den schrecklichen Fehler begeht, etwas Wunderbares für etwas Wirkliches aufzugeben. Ein Mann und eine Frau haben sich nicht mehr viel zu sagen, bis sie als Statisten auf einem Filmset ein turtelndes Paar im Restaurant spielen sollen – und es auf einmal wieder sind. In Miranda Julys Erzählungen wird das Alltägliche wieder zum Wunder, und das Skurrile ist so selbstverständlich wie Gespräche übers Wetter. Sechzehn Erzählungen von bizarr bis sexy, von zärtlich bis verstörend, in denen es um die Liebe geht, um die Suche nach dem wahren Leben im falschen, erzählt in einem lakonisch-pointierten Ton, mit viel schrägem Humor und großer Wärme.

Eine der schönsten Gegenden Frankreichs, das Périgord – eine zauberhafte Landschaft, geprägt von mildem Klima, sanften Hügeln und malerischen Flusstälern, eine Region reich an Geschichte und kulinarischen Köstlichkeiten –, wird zum Schauplatz eines schrecklichen Verbrechens: Alles beginnt mit dem heimtückischen Mord an einem alten Algerier. Bruno Courrèges, beliebter Chef de police, Feinschmecker, Sporttrainer und begehrtester Junggeselle von Saint-Denis, wird an den Tatort gerufen. Ein Verbrechen mit rassistischem Hintergrund? Bruno zweifelt daran. Seine Ermittlungen führen ihn weit in die Vergangenheit, in die Zeit der Résistance und des Vichy-Regimes, bittere Erinnerungen werden wach, alte Geschichten von Hass und Grausamkeiten … Trüffel, Wein und eine Leiche garantieren Gaumen- und Nervenkitzel in Brunos erstem Fall.

Ganz Hamburg swingt zum *Savoy Blues.* Die Coverversion der berühmten Armstrong-Nummer ist der Megahit dieses Sommers. Und auch Sebastian Fink, mit 34 Jahren Hamburgs jüngster Hauptkommissar, schwirrt der melancholische Song im Kopf herum, während er sich an die Aufklärung seines ersten eigenen Falls macht. Der Mord an einem pensionierten Postboten erscheint zunächst nicht sonderlich spektakulär, doch die Ermittlungsarbeit wird von Tag zu Tag verwickelter, und Fink sieht bald seine schlimmsten Befürchtungen bestätigt: dass er schon an seiner ersten Aufgabe scheitern könnte. Bis der Wirbel um *Savoy Blues* ihn auf die richtige Fährte bringt und die Leser in die Untiefen jener Zeit lockt, als es verboten und sogar lebensgefährlich war, Swing-Musik zu hören – ein dunkles Kapitel der Hamburger Geschichte …

Im Juni 1776 schifft sich der junge Zeichner John Webber im englischen Plymouth zur dritten Weltumsegelung auf dem Dreimaster Resolution ein. Kapitän ist James Cook. Webber quartiert sich in der Kajüte ein, in der Georg Forster auf Cooks zweiter Weltumsegelung Tagebuch führte. Webber wird zum Vertrauten von Captain Cook, stirbt beinahe und begegnet seiner großen Liebe. Vier Jahre später kommt Webber zurück, gezeichnet von den Strapazen der Reise. Die Sehnsucht nach der Südsee wird ihn nie mehr loslassen. Captain Cook, der aufgebrochen war, um die Nordwestpassage durchs arktische Eis zu finden, kehrt nicht heim. Was ist geschehen? Ein spannender historischer Roman um den rätselhaften Captain James Cook, und zugleich die Entwicklungsgeschichte eines jungen englischen Malers mit Schweizer Wurzeln.

In einem Koffer wurde er als Säugling in die Schweiz geschmuggelt, acht Jahre lang mussten seine Eltern ihn versteckt halten, um ihre Arbeitsbewilligung nicht zu verlieren, der Vater ein harter Malocher, der es zum erfolgreichen Unternehmer schafft – alles für seinen Sohn Massimo, der es einmal besser haben soll. Dessen Leben verläuft weniger gradlinig und glänzt mit Dramatik, Höhepunkten und Abstürzen. Vom italienischen Immigrantenkind zum Zürcher Gesellschaftslöwen. Vom Opernhausdemonstranten zum Opernhaussponsor. Vom Existenzphilosophen zum Bauunternehmer. Vom Linken zum Rechten. Vom Tiefen zum Hohen. Vom Süden zum Norden. Bis er einer Frau begegnet, die sein Glück krönt – und zerstört. Ein umfassendes Gesellschaftspanorama und das Porträt einer vitalen, schillernden Persönlichkeit.

Zu gern würde Schopenhauer sehen, wie die Geistesgrößen seiner Zeit auf seine Ideen reagieren – wie Hegel seinen Thron räumt und der alte Goethe ihm, dem erst 30-Jährigen, Anerkennung zollt. Doch sein bahnbrechendes Werk erscheint verspätet. Und so verlässt er 1818 Dresden in Richtung Italien als ein Niemand. Schon auf der Reise fällt er der Metternich'schen Geheimpolizei auf: Goethes Empfehlungskarte an Lord Byron – Dichter und Skandalfigur – macht ihn verdächtig im österreichisch besetzten Venetien. Einmal in Venedig, lässt er sich nicht vertreiben – erst recht nicht, als er Teresa kennenlernt. Sie zeigt dem Philosophen, dass er einen Punkt seiner Weltsicht überdenken muss: sein Konzept der Liebe. Poschenrieder erzählt von einem jungen Mann, der Applaus erhofft und nicht einmal ein Publikum findet. Die Nachwelt meinte es besser mit ihm.

Adam Cohen ist ein Träumer. Aber er wächst als jüdischer Junge im Deutschland der dreißiger Jahre auf, und das ist keine Zeit zum Träumen. Selbst wenn man eine so exzentrische Dame wie Edda Klingmann zur Großmutter hat, die ihren Enkel die wichtigen Dinge des Lebens gelehrt hat – nur das Fürchten nicht. Als Adam Anna kennenlernt, weiß er, wovon seine Träume immer gehandelt haben. Doch während die Familie Cohen die Emigration nach England plant, verschwindet Anna in der Nacht des 9. Novembers 1938 spurlos. Wo soll Adam sie suchen? Sechzig Jahre später liest Edward atemlos Adams Aufzeichnungen und erfährt, wie weit Adam auf seiner Suche nach Anna gegangen ist… Bewegend und mit unerschrockenem Humor erzählt Rosenfeld von Schicksalen und großen Gefühlen und davon, wie die Vergangenheit die Gegenwart durchdringt.

Der erfolgsverwöhnte Autor Xaver Pucher hatte noch viel vor. Doch unterwegs zu seinem Agenten, dem er ein Manuskript bringen will, wird er im Zug auf der Strecke zwischen Wien und Berlin ermordet. In seinem Koffer findet man kein Manuskript, aber Spuren von Kokain. Hat sein Tod mit Drogen zu tun? Haben Islamisten, denen seine Bücher zu weit gingen, ihre Drohungen wahrgemacht? Wien und Berlin ermitteln gemeinsam: auf der österreichischen Seite Anna Habel, Ende dreißig, temperamentvoll und tatkräftig, auf der deutschen Thomas Bernhardt, Mitte fünfzig, mal sarkastisch, mal schwermütig. Schnell geraten sie aneinander. Um der Sache willen müssen sie sich zusammenraufen. Ihre Recherchen führen sie auf den Wiener Zentralfriedhof und den Prater, in hippe Büros am Prenzlauer Berg und in die Kneipen Neuköllns.

Francis, gerade achtzehn, wohnt mit seiner Mutter, die immer kurz vor dem nächsten Nervenzusammenbruch steht, in einem Trailerpark in New Jersey. Seine Zukunftsaussichten: nicht sonderlich vielversprechend… Doch alles ändert sich, als er die Wahrheit über seine Zeugung erfährt: Francis verdankt seine Existenz einem kuriosem Experiment. Sein Vater ist kein Versager, der einfach abgehauen ist, sondern ein genialer Wissenschaftler aus Harvard. Francis selbst das Produkt der absonderlichen Samenbank der Genies (die Wells nicht erfunden hat!). Plötzlich sieht Francis eine strahlende Zukunft vor sich. Mit seinem besten Freund Grover, einem schrägen Superhirn, und der labilen Anne-May, in die Francis unsterblich verliebt ist, macht er sich auf eine Reise quer durch die Staaten zu seinem Vater – das Abenteuer seines Lebens.

Eine Ahnung vom Ganzen, ein kolossales Werk: Anders als bei anderen Schriftstellern, die sich selbst zum Thema machen, kennen wir Dürrenmatt nicht, wenn wir sein Werk kennen. »Ich habe keine Biographie«, hat er selbst einmal gesagt. Selbst aus seinen autobiographischen *Stoffen* hat er alles Intime herausgefiltert. Peter Rüedi hat sich auf Spurensuche gemacht: Fesselnd und elegant erzählt er vom Leben des Weltautors und seiner Schriftstellerei, bis zum Durchbruch 1956/58 mit *Der Besuch der alten Dame* und *Das Versprechen* – er spürt den Zusammenhängen zwischen Leben und Werk vor dem Hintergrund eines halben Jahrhunderts nach und eröffnet uns einen Weg durch Dürrenmatts immensen Gedankenkosmos. Rüedi zeigt uns einen Menschen, der immer wieder am Ende seiner Kunst war und sich immer wieder neu erfand.

Kann man das Glück buchen wie einen Urlaub, alles inklusive? Ihren albernen Namen verdankt Apple ihrer Hippie-Mutter Ingrid. Daneben einige Neurosen und – den Wunsch nach Bürgerlichkeit. Nie mehr will Apple so leben wie damals in Spanien, im Sommer 1976, als ihre Mutter sich Hals über Kopf in Karl Birker verliebte. Eine unmögliche Affäre: Ingrid, die Königin von Torremolinos, schön, verwegen und barbusig; und Karl, der Bankangestellte aus dem grauen Hannover mit Frau, Sohn und schmuckem Ferienhaus. Dreißig Jahre später reiht Apple ein Liebesdesaster ans andere, während ihre beste Freundin Susi für sich und ihren schwerkranken Mann ein Haus sucht. In Spanien. Auch Ingrid findet sich wieder ein. Ein herzzerreißend komischer Roman über Mütter und Töchter, die Zumutungen der Liebe und unsere ewige Sehnsucht nach dem Süden.

»Das Mikrophon ist jetzt an, Herr von Bülow. Wussten Sie, dass so ein Gerät bis zu zwölf Stunden aufnehmen kann?« – Loriot: »Dann halte ich jetzt einfach den Mund.« Nach dem unglücklichen Gesprächseinstieg sagte Loriot dann doch noch etwas, und sogar etwas mehr. Und er verriet noch mehr über sein Leben, in diesen Gesprächen, machte sich Gedanken über Humor (auch über deutschen), über Preußen, Wagner, Möpse, die Ehe, Politik und Religion, Liebe und Tod und andere gefragte Themen und pariert auch die indiskrete Frage, ob Wum schwul war. Loriot antwortet, ganz gleich, wie die Frage lautet – immer auf unnachahmliche Art und Weise. Zwei Beispiele: »Welcher Gegenstand in Ihrer Küche ist Ihnen am wichtigsten?« – Loriot: »Meine Frau.« Und: »Wissen Sie, was auf Ihrem Grabstein stehen soll?« – Loriot: »Zweckmäßig wäre es, wenn der Name draufstünde.«

Hymnisch reagierte die Presse auf den ersten Auftritt von Pisanis Spion. «Mit ihrer *Ogden*-Serie hat sie die Form des Spionageromans nach dem Abflauen der Le-Carré-Welle zu neuem Leben erweckt« *(Süddeutsche Zeitung).* Die *Frankfurter Rundschau* mutmaßte, es handle sich bei Pisani um Le Carrés Sekretärin. Wie dem auch sei: Ogden ermittelt weiter, diesmal im Fadenkreuz der Mafia. In seiner Agenda notierte der sizilianische Richter Paolo Borsellino alles, was er über die Verstrickungen zwischen »ehrenwerter Gesellschaft« und Politik wusste. Doch seit er 1992 bei einem Attentat ums Leben kam, ist die Agenda verschollen. Ogden nimmt die Fährte auf: Sie führt ihn in die eisigen Sphären derer, die das Sagen haben – zu den wahren Mächtigen, die – obwohl die Öffentlichkeit ihre Gesichter kennt – nie zur Veranwortung gezogen werden.

Honor Tait, 80, Reporterin der alten Schule, hat sie alle persönlich gekannt: Hitler und Franco ebenso wie Sinatra und Picasso. Nun bereitet sie einen Sammelband ihrer Arbeiten vor: ihr Vermächtnis. Doch was ist ein Vermächtnis ohne Publicity? Tamara Sim, 27, hat sich bislang vor allem als Klatschkolumnistin profiliert, nun soll sie die alte Dame porträtieren und hält ihr gleichzeitig den Spiegel vor. Die Zeiten haben sich geändert. Vor allem träumt Tamara endlich von einem großen Coup. So einfühlsam die beiden Frauen geschildert sind, so gnadenlos entlarvt McAfee, die selbst drei Jahrzehnte lang als Journalistin gearbeitet hat, die Zustände in britischen Redaktionsstuben, wo die Wahrheit allzu oft zur Ware wird. Ein Roman, bei dem es nicht nur um das gedruckte Wort geht, sondern auch um die Schicksale zwischen den Zeilen.

Es kommt immer anders, als man denkt: Sie ist siebzehn Jahre alt und gerade von der Schule geflogen, als zu Hause in London das Telefon klingelt. Ihre Mutter Lily ist tot. Lily, die aus ihrem Leben verschwunden ist, als sie noch ein Kind war, Lily, von der sie seit Jahren nichts mehr gehört hat. Zwanzig Stunden und eine geklaute Kreditkarte später steht sie im Schlafzimmer ihrer Mutter, im obersten Stock des Pink Hotels in Venice Beach. Unten verebben die Ausläufer einer exzessiven Party: Lilys Totenwache. Mit einem Koffer in der Hand schleicht sie sich aus dem Hotel. Darin sind nicht nur Lilys Kleider, sondern mehr, als sie zu hoffen wagte: eine Spur in das aufregende Leben ihrer Mutter und zu den Männern, die sie geliebt haben. Ein Sommer in L. A. macht aus der Reise in die Vergangenheit den Beginn eines neuen Lebens und einer großen Liebe.

Die Autoren

Autorenregister

Anhang

Bibliographie

Alain-Fournier, Henri
Der große Meaulnes. Roman. 2003.

Allen, Woody
Der Stadtneurotiker. ›*Annie Hall*‹. 1981.
• Außerdem liegt vor: *Woody Allen im Gespräch mit Jean-Michel Frodon.* 2005.

Anders, Günther
Die Zerstörung unserer Zukunft. Ein Lesebuch. 2011.

Andersch, Alfred
Efraim. Roman. 2006.
Fahrerflucht. 2000.
Geister und Leute. Zehn Geschichten. 2006.
Die Kirschen der Freiheit. Ein Bericht. 2006.
Materialien zu ›Die Kirschen der Freiheit‹. 2002.
Ein Liebhaber des Halbschattens. Drei Erzählungen. 2006.
Die Rote. Roman. 2006.
Sansibar oder der letzte Grund. Roman. 2006.
Der Vater eines Mörders. Eine Schulgeschichte. 2006.
Mein Verschwinden in Providence. Neun Erzählungen. 2006.
Winterspelt. Roman. 2006.
Gesammelte Werke in zehn Bänden in Kassette. 2004.
Sansibar oder der letzte Grund / Die Rote. 2004.
Efraim. Roman. 2004.
Winterspelt. Roman. 2004.
Erzählungen 1. 2004.
Erzählungen 2 / Autobiographische Berichte. 2004.
Gedichte und Nachdichtungen. 2004.
Hörspiele. 2004.
Essayistische Schriften 1. 2004.
Essayistische Schriften 2. 2004.
Essayistische Schriften 3. 2004.
• Außerdem liegt vor: *Alfred Andersch.* Eine Biographie. Von Stephan Reinhardt. 1996.

Andersen, Hans Christian
Die schönsten Märchen von Hans Christian Andersen. 2005.

Angelus Silesius
Der cherubinische Wandersmann. Geistreiche Sinn- und Schlußreime. 1979.

Arjouni, Jakob
Cherryman jagt Mister White. Roman. 2012.
Chez Max. Roman. 2007.
Der heilige Eddy. Roman. 2010.
Ein Freund. Geschichten. 1999.
Hausaufgaben. Roman. 2005.
Idioten. Fünf Märchen. 2004.
Magic Hoffmann. Roman. 2012.
• Die Kayankaya-Romane:
Happy birthday, Türke! 1987.
Mehr Bier. 1987.
Ein Mann, ein Mord. 1993.
Kismet. 2002.
Bruder Kemal. 2012.

Austen, Jane
Die Abtei von Northanger. Roman. 1996.
Emma. Roman. 1991.
Gefühl und Verstand. Roman. 1991.
Die Liebe der Anne Elliot oder Überredungskunst. Roman. 1996.

Aykol, Esmahan
Goodbye Istanbul. Roman. 2008.
• Die Fälle für Kati Hirschel:
Hotel Bosporus. Roman. 2004.
Bakschisch. Roman. 2006.

Scheidung auf Türkisch. Roman. 2010.

Balzac, Honoré de
Cousin Pons oder Die beiden Musiker. Roman. 2009.
Eugénie Grandet. Roman. 2009.
Glanz und Elend der Kurtisanen. Roman. 2009.
Verlorene Illusionen. Roman. 2009.
Geliebtes Leben. Ein Brevier. 1999.
Das unbekannte Meisterwerk und andere Erzählungen. 2009.
Der Talisman oder Das Chagrinleder. Roman. 2009.
Tante Lisbeth. Roman. 2009.
Vater Goriot. Roman. 2009.
Romane und Erzählungen auch in acht Bänden in Kassette. 2007.
• Außerdem liegen vor:
Balzac – Leben und Werk. 1994.
Balzac. Eine Biographie von Johannes Willms. 2007.

Baudelaire, Charles
Die Blumen des Bösen. Gedichte. 1982.

Beethoven, Ludwig van
Briefe. 1999.

Benn, Gottfried
Ausgewählte Gedichte. 1973.

Bielefeld, Claus-Ulrich & Petra Hartlieb
Bis zur Neige. Ein Fall für Berlin und Wien. Roman. 2012.
Auf der Strecke. Ein Fall für Berlin und Wien. Roman. 2011.

Bierce, Ambrose
Meistererzählungen (vorm.: *Die Spottdrossel).* 1993.

Boccaccio, Giovanni
Meistererzählungen aus dem Decamerone. 1995.

Böhmer, Otto A.
Das Abenteuer der Inspiration. Porträts deutscher Dichter von Lessing bis Dürrenmatt. 2012.
Heinrich Heine. Sein Leben. 2005.
Friedrich Nietzsche. Sein Leben. 2007.

Borger, Martina
Lieber Luca. Roman. 2009.

Borger, Martina & Maria Elisabeth Straub
Im Gehege. Roman. 2006.
Katzenzungen. Roman. 2003.
Kleine Schwester. 2004.
Sommer mit Emma. Roman. 2011.

Boswell, James
Dr. Samuel Johnson. 2008.

Bracharz, Kurt & Tatjana Hauptmann
Wie der Maulwurf beinahe in der Lotterie gewann. 2003.

Bradbury, Ray
Ausgewählte Erzählungen. 2008.
Fahrenheit 451. Roman. 1981.
Halloween. Roman. 1996.
Der illustrierte Mann. Erzählungen. 1977.
Die Mars-Chroniken. Roman in Erzählungen. 1981.
Der Tod ist ein einsames Geschäft. Roman. 1989.
Space Opera. Drei Bände in Kassette. Enthält: *Fahrenheit 451/ Die Mars-Chroniken/ Der illustrierte Mann.* 2008.

Bräker, Ulrich
Der arme Mann im Tockenburg (vorm.: *Lebensgeschichte und Natürliche Ebentheuer…).* 1993.

Brambach, Rainer
Gesammelte Gedichte. 2003.

Brodkey, Harold
Erste Liebe und andere Sorgen. Erzählungen. 1980.

Brontë, Charlotte
Jane Eyre. Eine Autobiographie. Roman. 1988.

Brontë, Emily
Sturmhöhe. Roman. 1999.

Brown, Christy
Mein linker Fuß. 1995.

Brunhoff, Jean de
Babar auf Reisen. 1978.

Babar und der Weihnachtsmann. 1992.
Familie Babar. 1976.

Buchan, John
Die neununddreißig Stufen. Roman. 1975.

Buddha
Worte der Vollendung. 1992.

Büchner, Georg
Werke und Briefe. 1988.

Busch, Wilhelm
Gedichte und Bildergeschichten in zwei Bänden in Kassette. 2007.
Gedichte. 1974.
Max und Moritz. Eine Bubengeschichte in sieben Streichen. 1974.

Capote, Truman
Ich bin schwul. Ich bin süchtig. Ich bin ein Genie. Ein intimes Gespräch mit Lawrence Grobel. 1988.

Carroll, Lewis & John Tenniel
Die kleine Alice. 2008.

Čechov, Anton
Briefe 1877–1904 in fünf Bänden in Kassette. 1998.
Das Drama auf der Jagd. Eine wahre Begebenheit. Roman. 1985.
Freiheit von Gewalt und Lüge (vorm.: *Denken mit Čechov*). 1992.
Frühe Erzählungen in zwei Bänden 1880–1887. 2002.
Er und sie. Frühe Erzählungen 1880–1885. 2002.
Ende gut. Frühe Erzählungen 1886–1887. 2002.
Gesammelte Stücke. 2003.
Humoresken und Satiren in zwei Bänden 1880–1892. 2001.
Das Leben in Fragen und Ausrufen. Humoresken und Satiren 1880–1884. 2001.
Aus den Erinnerungen eines Idealisten. Humoresken und Satiren 1885–1892. 2001.
Meistererzählungen (vorm.: *Die besten Geschichten…*). 1989.
Ein unnötiger Sieg. Frühe Novellen und Kleine Romane. 2002.
Über Theater. 2008.
• Das dramatische Werk in acht Bänden:
Sämtliche Einakter. 1980.
Ivanov. Komödie und Drama in vier Akten. 1974.
Der Kirschgarten. Komödie in vier Akten. 1973.
Die Möwe. Komödie in vier Akten. 1973.
Onkel Vanja. Szenen aus dem Landleben in vier Akten. 1973.
Drei Schwestern. Drama in vier Akten. 1974.
Die Vaterlosen [Platonov]. (vorm.: *Platonov*). 1995.
Der Waldschrat. Komödie in vier Akten. 1973.
• Das erzählende Werk in zehn Bänden:
Die Dame mit dem Hündchen. Erzählungen 1897–1903. 1976.
Flattergeist. Erzählungen 1888–1892. 1976.
Rothschilds Geige. Erzählungen 1893–1896. 1976.
Eine langweilige Geschichte / Das Duell. Kleine Romane I. 1976.
Gespräch eines Betrunkenen mit einem nüchternen Teufel. Erzählungen 1886. 1976.
Die Insel Sachalin. 1976.
Krankenzimmer Nr. 6 / Erzählung eines Unbekannten. Kleine Romane II. 1976.
Drei Jahre / Mein Leben. Kleine Romane III. 1976.
Ein unbedeutender Mensch. Erzählungen 1883–1885. 1976.
Die Steppe. Erzählungen 1887–1888. 1976.
• Außerdem liegen vor:
Kaschtanka und andere Kindergeschichten. 2004.
Wie soll man leben? Anton Čechov liest Marc Aurel. 2004.

Comte-Sponville, André
Woran glaubt ein Atheist? 2009.
Glück ist das Ziel, Philosophie der Weg. 2012.
Kann Kapitalismus moralisch sein? 2011.

Conrad, Joseph
Das Duell. Sechs Erzählungen. 1989.
Der Geheimagent. Eine einfache Geschichte. 1975.
Herz der Finsternis. Erzählung. 2005.
Lord Jim. Roman. 1974.

Dalai Lama
Meine spirituelle Autobiographie. Aufgezeichnet von Sofia Stril-Rever. 2010.
Mitgefühl und Weisheit. Ein Gespräch mit Felizitas von Schönborn. 2006.
Ratschläge des Herzens. 2005.

Da Ponte, Lorenzo
Mein abenteuerliches Leben. Die Erinnerungen des Mozart Librettisten. 1993.

Dante Alighieri
Die göttliche Komödie. 1991.

Davies, Adam
Dein oder mein. Roman. 2012.
Froschkönig. Roman. 2009.
Goodbye Lemon. Roman. 2010.

De Carlo, Andrea
Arcodamore. Roman. 1997.
Creamtrain. Roman. 1988.
Als Durante kam. Roman. 2013.
Guru (vorm.: *Uto).* Roman. 1998.
Macno. Roman. 1989.
Das Meer der Wahrheit. Roman. 2010.
Sie und Er. Roman. 2012.
Techniken der Verführung. Roman. 1995.
Vögel in Käfigen und Volieren. Roman. 1986.
Wenn der Wind dreht. Roman. 2008.
Wir drei. Roman. 2001.
Yucatan. Roman. 1991.
Zwei von zwei. Roman. 1993.

De Crescenzo, Luciano
Also sprach Bellavista. Neapel, Liebe und Freiheit. 1988.
oi dialogoi. Von der Kunst, miteinander zu reden. 1989.
Geschichte der griechischen Philosophie. 1990.
Band I: *Die Vorsokratiker*
Band II: *Von Sokrates bis Plotin*

Defoe, Daniel
Robinson Crusoe. Roman. 1985.

Dickens, Charles
David Copperfield. Roman. 1982.
Oliver Twist. Roman. 1982.
Die Pickwickier. Roman. 1986.
Weihnachtslied. Eine Gespenstergeschichte. 2011.

Dickinson, Emily
Guten Morgen, Mitternacht. Gedichte und Briefe. Zweisprachig. 1997.

Diderot, Denis
Jakob und sein Herr oder Der Glaube an das Walten des Schicksals. Roman. 2009.

Dieterle, Regina
Die Tochter. Das Leben der Martha Fontane. 2008.

Diome, Fatou
Der Bauch des Ozeans. Roman. 2006.

Djian, Philippe
Betty Blue. 37,2 am Morgen. Roman. 1988.
Erogene Zone. Roman. 1989.
100 zu 1. Frühe Stories. 2008.
In der Kreide. Die Bücher meines Lebens. 2006.
Kriminelle. Roman. 2001.
Krokodile. Sechs Geschichten. 1994.
Die Leichtfertigen. Roman. 2013.
Pas de deux. Roman. 1996.
Die Rastlosen. Roman. 2012.

Das Versprechen.
Requiem auf den
Kriminalroman. 1996.
Versuche. 1988.
• Das dramatische
Werk in 18 Bänden
in Kassette.
Es steht geschrieben /
Der Blinde.
Frühe Stücke.
Romulus der Große.
Eine ungeschichtliche
historische Komödie
in vier Akten.
Die Ehe des Herrn
Mississippi.
Eine Komödie in
zwei Teilen und ein
Drehbuch.
Ein Engel kommt
nach Babylon.
Eine fragmentarische
Komödie in drei
Akten.
Der Besuch
der alten Dame.
Eine tragische
Komödie.
Frank der Fünfte.
Komödie einer
Privatbank.
Die Physiker.
Eine Komödie in
zwei Akten.
Herkules und der
Stall des Augias /
Der Prozeß um des
Esels Schatten.
Griechische Stücke.
Der Meteor /
Dichterdämmerung.
Nobelpreisträger-
stücke.
Die Wiedertäufer.
Eine Komödie in
zwei Teilen.
König Johann /
Titus Andronicus.
Shakespeare-
Umarbeitungen.
Play Strindberg /
Porträt eines Planeten.
Übungsstücke für
Schauspieler.
Urfaust. Ergänzt
durch das Buch von
Doktor Faustus aus
dem Jahre 1589.
Woyzeck. Zürcher
Fassung.
Der Mitmacher.
Ein Komplex.
Die Frist.
Eine Komödie.
Die Panne.
Ein Hörspiel und
eine Komödie.
Nächtliches Gespräch
mit einem verachteten
Menschen / Stranitzky
und der Nationalheld /
Das Unternehmen
der Wega.
Hörspiele und
Kabarett.
Achterloo I.
Komödie in zwei
Akten / Rollenspiele.
Protokoll einer fikti-
ven Inszenierung von
Charlotte Kerr sowie
Achterloo III /
Achterloo IV.
Komödie.
• Das Prosawerk
in 19 Bänden in
Kassette. 1998.
Aus den Papieren
eines Wärters.
Frühe Prosa.
Der Richter und
sein Henker /
Der Verdacht.
Die zwei Kriminal-
romane um Kommissär
Bärlach.
Der Hund / Der
Tunnel / Die Panne.
Erzählungen.
Grieche sucht
Griechin / Mr. X
macht Ferien /
Nachrichten über
den Stand des
Zeitungswesens in
der Steinzeit.
Grotesken.
Das Versprechen.
Requiem auf den
Kriminalroman.
Aufenthalt in
einer kleinen Stadt.
Fragment.
Der Sturz / Abu
Chanifa und Anan
ben David / Smithy /
Das Sterben der
Pythia. Erzählungen.
Justiz. Roman.
Minotaurus. Eine
Ballade. *Der Auftrag*
oder *Vom Beobachten*
des Beobachters
der Beobachter.
Novelle in 24 Sätzen.
Midas oder Die
schwarze Leinwand.
Durcheinandertal.
Roman.
Labyrinth.
Stoffe I–III:
Der Winterkrieg
in Tibet / Mondfinster-
nis / Der Rebell.
Turmbau.
Stoffe IV–IX:
Begegnungen /
Querfahrt /
Die Brücke /
Das Haus / Vinter /
Das Hirn.
Theater.
Essays, Gedichte
und Reden.

Kritik. Kritiken und Zeichnungen.
Literatur und Kunst. Essays, Gedichte und Reden.
Philosophie und Naturwissenschaft. Essays, Gedichte und Reden.
Politik. Essays, Gedichte und Reden.
Zusammenhänge. Essay über Israel. Eine Konzeption/ *Nachgedanken* unter anderem über Freiheit, Gleichheit und Brüderlichkeit in Judentum, Christentum, Islam und Marxismus und über zwei alte Mythen.
Versuche / Kants Hoffnung. Essays und Reden.
Gedankenfuge. Essays / *Der Pensionierte.* Fragment eines Kriminalromans.
Registerband zur Werkausgabe Friedrich Dürrenmatt in siebenunddreißig Bänden.
• Außerdem liegen vor: Friedrich Dürrenmatt & Charlotte Kerr. *Rollenspiele.* Protokoll einer fiktiven Inszenierung und *Achterloo III.* 1986.
Meine Schweiz. Ein Lesebuch. 1998.
Über Friedrich Dürrenmatt Essays, Zeugnisse und Rezensionen von Gottfried Benn bis Saul Bellow. 1980.
Querfahrt mit Friedrich Dürrenmatt. Aufsätze und Vorträge. 1998.
Sein Leben in Bildern. 2011.
Dürrenmatt oder Die Ahnung vom Ganzen. Biographie. Von Peter Rüedi. 2011.
Das Dürrenmatt Lesebuch. 1991.

Durlacher, Jessica
Emoticon. Roman. 2008.
Das Gewissen. Roman. 2001.
Schriftsteller! Erzählung. 2009.
Der Sohn. Roman. 2012.
Die Tochter. Roman. 2003.

Eckehart, Meister
Deutsche Predigten und Traktate. 1979.

Eichendorff, Joseph von
Aus dem Leben eines Taugenichts. Novelle. 1978.

Einstein, Albert
Briefe. 1981.

Einstein, Albert & Sigmund Freud
Warum Krieg? Ein Briefwechsel. 1972.

Ellenberger, Henry F.
Die Entdeckung des Unbewußten. 2005.

Emerson, Ralph Waldo
Natur. 1988.
Von der Schönheit des Guten. Betrachtungen und Beobachtungen. 1992.

Erasmus von Rotterdam
Vertrauliche Gespräche. 2000.
Das Lob der Narrheit. 1987.

Epikur
Über das Glück. 2011.

Faulkner, William
Als ich im Sterben lag. Roman. 1973.
Briefe. 1982
Frankie und Johnny. Uncollected Stories. 1992.
Griff in den Staub. Roman. 1974.
Eine Rose für Emily und andere Meistererzählungen. 2012.
Schall und Wahn. Roman. 1973.
Die Spitzbuben. Roman. 1982.
Der Springer greift an. Kriminalgeschichten. 1974.
Die Unbesiegten. Roman. 1973.

Fauser, Jörg
Werkausgabe in neun Bänden in Kassette. 2009.
Der Schneemann. Roman.
Rohstoff. Roman.
Das Schlangenmaul. Roman.
Alles wird gut. Gesammelte Erzählungen und Prosa I.
Mann und Maus. Gesammelte Erzählungen und Prosa II.

Marlon Brando.
Eine Biographie.
Trotzki, Goethe und das Glück.
Gesammelte Gedichte und Songtexte.
Der Strand der Städte – Blues für Blondinen.
Essays.
Die Tournee. Roman.

Fellini, Federico
Denken mit Federico Fellini. 2005.
Federico Fellini. 1995.
Fellini's Faces.
Vierhundertachtzehn Bilder aus Fellinis Fotoarchiv. 1981.
8 1/2. Aufsätze und Notizen. 1974.
• Außerdem liegen vor:
Fellini über Fellini (vorm.: *»Warum machen Sie nicht mal…«).* Ein intimes Gespräch mit Giovanni Grazzini. 1993.
Fellini. Ein Porträt. Von Liliana Betti. 1980.
Fellini.
Eine Biographie. Von Tullio Kezich. 2005.

Fitzgerald, F. Scott
Der seltsame Fall des Benjamin Button.
Erzählung. 2009.
Diesseits vom Paradies. Roman. 2007.
Früher Erfolg. 2012.
Gesammelte Erzählungen in vier Bänden in Kassette. 2009.
Der große Gatsby.
Roman. 2007.
Der letzte Kuss.
Erzählungen. 2012.
Die Liebe des letzten Tycoon.
Ein Western.
Roman. 2007.
Junger Mann aus reichem Haus. 2008.
Die letzte Schöne des Südens.
Erzählungen. 2012.
Die Schönen und Verdammten.
Roman. 2007.
Drei Stunden zwischen zwei Flügen und andere Meistererzählungen. 2012.
Wiedersehen mit Babylon.
Erzählungen. 2012.
Winterträume.
Erzählungen. 2012.
Zärtlich ist die Nacht.
Roman. 2007.
Die Romane in fünf Bänden in Kassette. 2006.
Diesseits vom Paradies. Roman.
Die Liebe des letzten Tycoon. Ein Western. Roman.
Die Schönen und Verdammten.
Roman.
Zärtlich ist die Nacht.
Roman.
• Außerdem liegt vor:
Schön und verdammt.
Ein biographischer Essay über Zelda und F. Scott Fitzgerald. Von Pietro Citati. 2009.

Fitzgerald, Zelda
Ein Walzer für mich.
Roman. 2011.

Fix, Philippe
Serafin und seine Wundermaschine. 1970.

Flaubert, Gustave
Briefe. 1977.
Reisetagebuch aus Ägypten. 1991.
Werke in acht Bänden in Kassette. 2005.
Bouvard und Pécuchet.
Roman. 1979.
Die Erziehung des Herzens.
Geschichte eines jungen Mannes. 1979.
Drei Geschichten. 1979.
Leidenschaft und Tugend.
Erste Erzählungen. 2005.
Madame Bovary.
Sitten der Provinz. Roman. 1979.
Memoiren eines Irren. 2005.
Salammbô.
Roman. 1979.
Die Versuchung des heiligen Antonius. 1979.
• Außerdem liegen vor:
Briefwechsel.
Zwischen Flaubert, Gustave & Ivan Turgenev 1863–1880. 2008.
Leben und Werk. 2005.

Flora, Paul
Stille Bilder. 2005.
Dies und das.
Nachrichten und Geschichten. 1997.
Fauna, Fabeln und Figuren. 2008.

Die welke Pracht. Venezianische Bilder und Geschichten. 1999.
Rückwärts in die Zukunft. 2007.
Zeichnungen 1938–2001. 2002.
• Außerdem liegt vor: *Wie's halt so kommt.* Erinnerungen, aufgezeichnet von Felizitas von Schönborn. 2007.

Fontane, Theodor
Effi Briest. Roman. 1983.
Irrungen Wirrungen. Roman. 1998.
Der Stechlin. Roman. 1998.

Ford, Ford Madox
Die allertraurigste Geschichte. Roman. 1978.

Francis, Dick
Ausgestochen. Roman. 1995.
Außenseiter. Roman. 1993.
Banker. Roman. 1993.
Blindflug. Roman. 1993.
Comeback. Roman. 1995.
Doping. Roman. 2000.
Favorit. Ein Sid-Halley-Roman. 1998.
Fehlstart. Roman. 1995.
Festgenagelt. Roman. 1995.
Galopp. Roman. 1991.
Gefälscht. Roman. 2001.
Gefilmt. Roman. 1993.
Gegenzug. Roman. 1994.
Handicap. Ein Sid-Halley-Roman. 1991.
Hilflos. Roman. 1994.
Knochenbruch. Roman. 1996.
Mammon. Roman. 2000.
Nervensache. Ein Sid-Halley-Roman. 1993.
Peitsche. Roman. 1995.
Rat Race. Roman. 1998.
Reflex. Roman. 1991.
Risiko. Roman. 1999.
Rivalen. Roman. 2001.
Rufmord. Roman. 1998.
Todsicher. Roman. 1993.
Unbestechlich. Roman. 1992.
Versteck. Roman. 1998.
Weinprobe. Roman. 1994.
Winkelzüge. Dreizehn Geschichten. 2001.
Zügellos. Roman. 1997.
Zuschlag. Roman. 1998.

Francis, Dick & Felix Francis
Abgebrüht. Roman. 2010.
Kreuzfeuer. Roman. 2012.
Schikanen. Roman. 2011.
Verwettet. Roman. 2013.

Franz von Assisi
Fioretti. Gebete / Ordensregeln / Testament / Briefe. 1979.

Friedell, Egon
Kulturgeschichte. Zwei Bände im Schuber. Inhalt: *Kulturgeschichte des Altertums / Kulturgeschichte der Neuzeit.* 2011.
Die Rückkehr der Zeitmaschine. Phantastische Novelle. 1974.
Vom Schaltwerk der Gedanken. Ausgewählte Essays zu Geschichte, Politik, Philosophie, Religion, Theater und Literatur. 2007.
• Außerdem liegt vor: *Das Egon Friedell Lesebuch.* 2009.

Frisch, Max & Friedrich Dürrenmatt
Briefwechsel. 2001.

Gandhi, Mahatma
Denken mit Mahatma Gandhi. Auswahl aus den Schriften. 2006.

Gibran, Khalil
Der Prophet. 2010.

Gilot, Françoise & Carlton Lake
Leben mit Picasso. 1987.

Glauser, Friedrich
Gourrama. Ein Roman aus der Fremdenlegion. 1989.

Die Kriminalromane in sechs Bänden in Kassette. 1989.
Wachtmeister Studer. 1989.
Die Fieberkurve. 1989.
Matto regiert. 1989.
Der Chinese. 1989.
Krock & Co. 1989.
Der Tee der drei alten Damen. 1989.

Goebel, Joey
Freaks. Roman. 2007.
Heartland. Roman. 2010.
Vincent. Roman. 2007.

Goethe, Johann Wolfgang
Denken mit Johann Wolfgang Goethe. 2005.
Faust. Der Tragödie erster und zweiter Teil. 1982.
Die schönsten Gedichte. 2005.
Die Leiden des jungen Werther. Roman. 1986.
Die Wahlverwandtschaften. Ein Roman. 1996.

Gogol, Nikolai
Meistererzählungen (vorm.: *Die Nase).* 1984.
Die toten Seelen. Roman. 1977.

Gorey, Edward
The lugubrious Library in zehn Bänden in Kassette. Inhalt: *Die besessenen Vettern / Die Kleinen von Morksrohlingen / Der traurige Zwölfpfünder oder Die blaue Spieke / Das gnadenlose Nasenbluten / Die respektlose Aufforderung / Das verabscheuungswürdige Paar / Die andere Statue / Die entschwundenen Löwen / Erinnerung an einen Besuch / Der Westflügel.* 2007.

Gorey, Edward & Florence Parry Heide
Schorschi schrumpft und zwei weitere Schorschi-Geschichten von Florence Parry Heide. 2008.

Goscinny, René
Eine Kreuzfahrt, die ist lustig. 2012.
Ruhe, ich esse! Humoresken. 2008.

Goscinny, René & Jean-Jacques Sempé
Kochen mit dem kleinen Nick. Ein Kinderkochbuch. 2012.
Der kleine Nick und sein Luftballon. 2012.
Der kleine Nick. 2006.
Der kleine Nick und seine Bande. 2006.
Der kleine Nick und die Ferien. 2006.
Der kleine Nick und die Mädchen. 2006.
Der kleine Nick und die Schule. 2006.
Neues vom kleinen Nick. 2005.
• Geschichten aus dem Band *Neues vom kleinen Nick* in Einzelbänden:
Der kleine Nick auf dem Pausenhof. 2008.
Der kleine Nick auf Reisen. 2008.
Der kleine Nick erlebt eine Überraschung. 2008.
Der kleine Nick und die Nachbarn. 2008.
Der kleine Nick und seine Streiche. 2008.
Der kleine Nick ist wieder da! 2006.
Der kleine Nick spielt Fußball. 2008.
Der kleine Nick – Pop-up Buch. 2009.

Gotthelf, Jeremias
Die schwarze Spinne / Elsi, die seltsame Magd / Kurt von Koppigen. Ausgewählte Erzählungen II. 1978.
Uli der Knecht. Eine Gabe für Dienstboten und Meisterleute. 1978.

Gracián, Baltasar
Hand-Orakel und Kunst der Weltklugheit. 1993.

Green, Hannah
Bevor du liebst. Roman. 1993.

Greenan, Russel H.
In Boston? Roman. 2010.

Grimm, Brüder
Die schönsten Märchen der Brüder Grimm. 2005.

Grünberg, Arnon
Amour fou. Roman. 2013.
Gnadenfrist. 2008.
Mit Haut und Haaren. Roman. 2012.
Der Heilige des Unmöglichen. 2012.
Mitgenommen. Roman. 2012.
Blauer Montag. Roman. 1999.
Phantomschmerz. Roman. 2005.
Statisten. Roman. 2006.
Tirza. Roman. 2009.
Der Vogel ist krank. Roman. 2006.

Gulik, Robert van
Halskette und Kalebasse. Roman. 1987.
Mord im Labyrinth. Roman. 1985.
Mord nach Muster. Roman. 1989.
Die Perle des Kaisers. Roman. 1989.
Das Phantom im Tempel. Roman. 1989.
Poeten und Mörder. Roman. 1988.
Richter Di bei der Arbeit. Roman. 1990.
Der Wandschirm aus rotem Lack. Roman. 1990.
Wunder in Pu-yang? Roman. 1985.
• Außerdem liegt vor: *Merkwürdige Kriminalfälle des Richters Di.* Roman. 1998.

Hackl, Erich
Abschied von Sidonie. Erzählung. 1991.
Materialien zu ›Abschied von Sidonie‹. 2000.
Als ob ein Engel. Erzählung nach dem Leben. 2009.
Anprobieren eines Vaters. Geschichten und Erwägungen. 2007.
Auroras Anlaß. 1989.
Entwurf einer Liebe auf den ersten Blick. 2001.
Familie Salzmann. Erzählung aus unserer Mitte. 2012.
Die Hochzeit von Auschwitz. Eine Begebenheit. 2004.
In fester Umarmung. Geschichten und Berichte. 2003.
König Wamba. Ein Märchen. 2000.
Sara und Simón. Eine endlose Geschichte. 1997.

Häsler, Alfred A.
Das Boot ist voll. Die Schweiz und die Flüchtlinge 1933–1945. 1989.

Hammett, Dashiell
Das Dingsbums Küken und andere Detektivstories. 1981.
Rote Ernte. Roman. 1976.
Der Malteser Falke. Roman. 1974.
Der dünne Mann. Roman. 1976.
Der gläserne Schlüssel. Roman. 1976.
• Sonderausgaben als Pappband mit Lesebändchen:
Der Malteser Falke. Roman. 2011.
Der gläserne Schlüssel. Roman. 2011.
Rote Ernte. Roman. 2011.
Der Fluch des Hauses Dain. Roman. 2011.
Der dünne Mann. Roman. 2011.

Hartmann, Lukas
Bis ans Ende der Meere. Die Reise des Malers John Webber mit Captain Cook. Roman. 2010.
Finsteres Glück. Roman. 2011.
Der Konvoi. Roman. 2013.
Pestalozzis Berg. Roman. 2009.
Räuberleben. Roman. 2012.
Die Seuche. Roman. 2009.
• Kinderbücher:
Anna annA. Roman. 2009.
So eine lange Nase. Roman. 2010.

Hartmann, Lukas & Tatjana Hauptmann
All die verschwundenen Dinge. 2011.

Hašek, Jaroslav
Das Hašek Lesebuch. 2008.

Hauptmann, Tatjana
Adelheid geht in die Oper (vorm.: *Adelheid Schleim).* 2004.

Hurra, Eberhard Wutz ist wieder da! 1979.
Das große Balladenbuch. Die schönsten deutschen Balladen. 2009.
Das große Märchenbuch. 2012.

Hauptmann, Tatjana & Theodor Storm
Der kleine Häwelmann. Ein Märchen von Theodor Storm. 2011.

Hauff, Wilhelm
Lichtenstein. Romantische Sage aus der württembergischen Geschichte. 1987.

Hebel, Johann Peter
Unverhofftes Wiedersehen und andere Geschichten aus dem Schatzkästlein des rheinischen Hausfreundes. 2009.

Hedaya, Yael
Eden. Roman. 2010.
Die Sache mit dem Glück. Roman. 2008.
Zusammenstöße. Eine Liebesgeschichte. Roman. 2004.

Heine, Heinrich
Deutschland. Ein Wintermärchen. 2005.
Gedichte. 1977.
Reisebilder. 1993.
• Außerdem liegt vor: *Heinrich Heine.* Sein Leben erzählt von Otto A. Böhmer. 2005.

Heinrich, Walter
Die Stunde des Pelikans. Die Lebensgeschichte des Maximilian Kolbe. Roman. 2009.

Hess, Hildi
Hildi Hess. Ein Querschnitt durch das Werk der bedeutenden Schweizer Bildhauerin. 1981.

Highsmith, Patricia
Die Augen der Mrs. Blynn. Stories. 2002.
Ediths Tagebuch. Roman. 2003.
Elsies Lebenslust. Roman. 2004.
Geschichten von natürlichen und unnatürlichen Katastrophen. 2012.
Der Geschichtenerzähler. Roman. 2006.
Die zwei Gesichter des Januars. Roman. 2003.
Der Junge, der Ripley folgte. Roman. 2004.
Katzen. Drei Stories, drei Gedichte, ein Essay und sieben Zeichnungen. 2007.
Keiner von uns. Stories. 2005.
Leise, leise im Wind. Stories. 2004.
Leute, die an die Tür klopfen. Roman. 2006.
Lösegeld für einen Hund. Roman. 2002.
Die stille Mitte der Welt. Stories. 2002.
Kleine Mordgeschichten für Tierfreunde / Kleine Geschichten für Weiberfeinde. Stories. 2004.
Der talentierte Mr. Ripley. Roman. 2002.
Nixen auf dem Golfplatz. Stories. 2005.
Ripley Under Ground. Roman. 2002.
Ripley Under Water. Roman. 2004.
Ripley's Game oder Der amerikanische Freund. 2003.
Salz und sein Preis. Roman. 2005.
Der Schneckenforscher. Stories. 2003.
Der Schrei der Eule. Roman. 2002.
›Small g‹ – eine Sommeridylle. Roman. 2006.
Ein Spiel für die Lebenden. Roman. 2005.
Der Stümper. Roman. 2005.
Suspense oder Wie man einen Thriller schreibt. 2013.
Venedig kann sehr kalt sein. Roman. 2004.
Der süße Wahn. Roman. 2003.
Tiefe Wasser. Roman. 2003.
Die gläserne Zelle. Roman. 2003.
Das Zittern des Fälschers. Roman. 2002.
Zwei Fremde im Zug. Roman. 2002.
Zeichnungen. 1995.
• Außerdem liegt vor: *Meine Jahre mit Pat.* Erinnerungen an Patricia Highsmith. Von Marijane Meaker. 2008.

Hildegard von Bingen
Lieder. 2009.

Hoffmann, Dr. Heinrich
Der Struwwelpeter oder lustige Geschichten und drollige Bilder von Dr. Heinrich Hoffmann. 2007.

Homer
Ilias. 1980.
Odyssee. 1980.

Horváth, Ödön von
Jugend ohne Gott. Roman. 2009.

Howald, Stefan
Eric Ambler. Eine Biographie. 2002.

Hugo, Victor
Der Glöckner von Notre-Dame. Roman. 1985.
Der letzte Tag eines Verurteilten. 1984.

Irving, John
Bis ich dich finde. Roman. 2007.
Die imaginäre Freundin. Vom Ringen und Schreiben. 2002.
Garp und wie er die Welt sah. Roman. 2012.
Die wilde Geschichte vom Wassertrinker. Roman. 1992.
Gottes Werk und Teufels Beitrag. Roman. 1990.
Die vierte Hand. Roman. 2003.
Das Hotel New Hampshire. Roman. 1984.
Laßt die Bären los! Roman. 1987.
Eine Mittelgewichts-Ehe. Roman. 1988.
My Movie Business. Mein Leben, meine Romane, meine Filme. 2000.
Letzte Nacht in Twisted River. Roman. 2010.
Owen Meany. Roman. 1992.
Die Pension Grillparzer. Eine Bärengeschichte. 2008.
In einer Person. Roman. 2012.
Rettungsversuch für Piggy Sneed. Sechs Erzählungen und ein Essay. 1995.
Witwe für ein Jahr. Roman. 1999.
Zirkuskind. Roman. 1997.

Irving, John & Tatjana Hauptmann
Ein Geräusch, wie wenn einer versucht, kein Geräusch zu machen. 2003.

Jägersberg, Otto
Der Herr der Regeln. Roman. 1988.
Weihrauch und Pumpernickel. Ein westpfählisches Sittenbild. 1975.
Wein, Liebe, Vaterland. Gedichte. 1993.

Jeissing, Ivana
Unsichtbar. Roman. 2008.

Jiménez, Juan Ramón
Herz, stirb oder singe. Gedichte, spanisch und deutsch. 1977.

Joyce, James
Das James Joyce Lesebuch (vorm.: *Die Toten).* 1982.

July, Miranda
Es findet dich. 2012.
Zehn Wahrheiten. Stories. 2009.

Kästner, Erich
Das Erich Kästner Lesebuch. 1978.

Kafka, Franz
Amerika. Roman. 2008.
Brief an den Vater. 2008.
Meistererzählungen. 1995.
Der Prozeß. Roman. 2008.
Das Schloß. Roman. 2008.
Die Verwandlung. Erzählung. 2006.
• Außerdem liegt vor: *Das Franz Kafka Lesebuch.* 2008.

Kafka, Franz & Tatjana Hauptmann
Die Verwandlung. Mit Zeichnungen von Tatjana Hauptmann. 2012.

Kant, Immanuel
Denken mit Immanuel Kant. 2005.

Kara, Yadé
Café Cyprus. Roman. 2010.
Selam Berlin. Roman. 2004.

Keel, Anna
Bilder und Zeichnungen. 1976.
Porträtzeichnungen 1977 bis 1979. 1979.
Zeichnungen. 1983.

Vom Werden der Vernunft und andere Stücke fürs Theater. 1988.
Die Waldsteinsonate. Fünf Novellen. 1987.
Der Wanderer. Novelle. 2008.
Gesammelte Novellen in zwei Bänden in Kassette. 2002.

Lao Tse
Tao-Te-King. 1990.

La Rochefoucauld, François de
Denken mit La Rochefoucauld. 2008.

Lawrence, D.H.
Gesammelte Erzählungen und Kurzromane in zwei Bänden. 2007.
Liebende Frauen. Roman. 2008.
Der Hengst St. Mawr. Roman. 1975.
Lady Chatterley's Lover (vorm.: *John Thomas & Lady Jane).* Die zweite Fassung. Roman. 2007.
Mr. Noon. Autobiographischer Roman. 1993.
Verliebt. Geschichten von Liebe und Leidenschaft. 2007.
• Reisetagebücher:
Italienische Dämmerung. 1985.
Das Meer und Sardinien. 1985.
Mexikanischer Morgen. 1985.
Etruskische Stätten. 1985.

Le Fanu, Sheridan
Carmilla, die Vampirin. 2011.

Lempp, Reinhart & Loriot
Enkel für Anfänger. 2007.

Leon, Donna
Himmlische Juwelen. Roman. 2012.
Kurioses aus Venedig. 2007.
Über Venedig, Musik, Menschen und Bücher. 2005.
• Commissario Brunettis Fälle:
Venezianisches Finale. Der erste Fall. Roman. 1995.
Endstation Venedig. Der zweite Fall. Roman. 1996.
Venezianische Scharade. Der dritte Fall. Roman. 1997.
Vendetta. Der vierte Fall. Roman. 1998.
Acqua alta. Der fünfte Fall. Roman. 1999.
Sanft entschlafen. Der sechste Fall. Roman. 2000.
Nobiltà. Der siebte Fall. Roman. 2001.
In Sachen Signora Brunetti. Der achte Fall. Roman. 2001.
Feine Freunde. Der neunte Fall. Roman. 2002.
Das Gesetz der Lagune. Der zehnte Fall. Roman. 2003.
Die dunkle Stunde der Serenissima. Der elfte Fall. Roman. 2004.
Verschwiegene Kanäle. Der zwölfte Fall. Roman. 2005.
Beweise, daß es böse ist. Der dreizehnte Fall. Roman. 2006.
Blutige Steine. Der vierzehnte Fall. Roman. 2007.
Wie durch ein dunkles Glas. Der fünfzehnte Fall. Roman. 2008.
Lasset die Kinder zu mir kommen. Der sechzehnte Fall. Roman. 2009.
Das Mädchen seiner Träume. Der siebzehnte Fall. Roman. 2010.
Schöner Schein. Der achtzehnte Fall. Roman. 2011.
Auf Treu und Glauben. Der neunzehnte Fall. Roman. 2011.
Reiches Erbe. Der zwanzigste Fall. Roman. 2012.
• Außerdem liegen vor:

Leon, Donna & Roberta Pianaro
Bei den Brunettis zu Gast. 2009.

Leon, Donna & Toni Sepeda
Mit Brunetti durch Venedig. 2008.

Leon, Donna & Michael Sowa
Tiere und Töne. 2010.

Leonhart, Dorothea
Mozart. Eine Biographie. 2008.

Lermontow, Michael
Ein Held unserer Zeit. Roman. 1982.

Lessing, Doris
Hunger nach dem großen Leben (vorm.: *Hunger).* Erzählung. 1987.
Der Zauber ist nicht verkäuflich. Afrikanische Erzählungen. 1981.

Loetscher, Hugo
Abwässer. Ein Gutachten. 1989.
Die Augen des Mandarin. Roman. 2001.
Der Buckel. Geschichten. 2004.
Es war einmal die Welt. Gedichte. 2004.
Die Fliege und die Suppe und 33 andere Tiere in 33 anderen Situationen. 1993.
Der predigende Hahn. Das literarisch-moralische Nutztier. 1994.
Herbst in der Großen Orange. 1984.
Der Immune. Roman. 1988.
In alle Richtungen gehen. Reden und Aufsätze über Hugo Loetscher. 2005.
Die Kranzflechterin. Roman. 1989.
Lesen statt klettern. Aufsätze zur literarischen Schweiz. 2008.
Die Papiere des Immunen. Roman. 1988.
Vom Erzählen erzählen. Poetikvorlesungen. 1999.
Der Waschküchenschlüssel oder Was – wenn Gott Schweizer wäre. 2011.
Wunderwelt. Eine brasilianische Begegnung. 1983.
War meine Zeit meine Zeit. 2009.

London, Jack
Meistererzählungen (vorm.: *Seefahrer- & Goldgräbergeschichten).* 1993.
Der Seewolf. Roman. 1987.
Wolfsblut (vorm.: *Weißzahn, der Wolfshund).* Roman. 1992.

Loriot
Bitte sagen Sie jetzt nichts. Gespräche. 2011.
Sehr verehrte Damen und Herren. 2011.
Loriot in Worten und Bildern in zwei Bänden in Kassette. 2008.
Gesammelte Bildergeschichten. 2008.
Gesammelte Prosa. 2006.
Loriots Heile Welt. 1983.
Möpse & Menschen. Eine Art Biographie. 1983.
Große Deutsche. Circa acht Portraits. 1998.
Das Frühstücksei. 2008.
Fußballfieber. Ein Daumenkino. 1986.
Das große Loriot Buch. Gesammelte Geschichten in Wort und Bild. 1998.
Herren im Bad und sechs andere dramatische Geschichten. 2007.
Loriot. 1993.
Loriot und die Künste. Eine Chronik unerhörter Begebenheiten aus dem Leben des Vicco von Bülow zu seinem 80. Geburtstag. 2003.
Loriots Kleiner Opernführer. 2005.
Männer & Frauen passen einfach nicht zusammen. 2006.
Neue Lebenskunst in Wort und Bild. 1981.
Loriots kleine Prosa. 1971.
Loriots kleiner Ratgeber. 1974.
Nimm's leicht! 2005.
Szenen einer Ehe in Wort und Bild. 1989.
Wahre Geschichten erlogen von Loriot. 2005.
Weihnachten mit Loriot. 2008.

Lu Wenfu
Der Gourmet. Roman. 1995.

McAfee, Annalena
Zeilenkrieg. Roman. 2012.

McCarten, Anthony
Hand aufs Herz. Roman. 2011.
Englischer Harem. Roman. 2009.
Ganz normale Helden. Roman. 2012.

Liebe am Ende der Welt. Roman. 2012.
Englischer Harem. Roman. 2012.
Superhero. Roman. 2008.

McCullers, Carson
Autobiographie. Illumination and Night Glare. 2011.
Die Ballade vom traurigen Café. Novelle. 1971.
Gesammelte Erzählungen. 2005.
Frankie. Roman. 2013.
Das Herz ist ein einsamer Jäger. Roman. 2013.
Spiegelbild im goldnen Auge. Roman. 2013.
Uhr ohne Zeiger. Roman. 2013.
Wunderkind und andere Meistererzählungen. 2011.
Die Romane. Vier Bände im Schuber. Enthält: *Das Herz ist ein einsamer Jäger/Frankie/Spiegelbild im goldnen Auge/Uhr ohne Zeiger.* 2011.

Macdonald, Ross
Der Fall Galton. Roman. 1976.
Gänsehaut. Roman. 1976.
Der blaue Hammer. Roman. 1978.
Die Küste der Barbaren. Roman. 1976.
Unter Wasser stirbt man nicht! Roman. 1976.

McEwan, Ian
Abbitte. Roman. 2004.
Am Strand. Roman. 2008.
Amsterdam. Roman. 2001.
For You. Libretto für eine Oper von Michael Berkeley. Zweisprachige Ausgabe. 2009.
Ein Kind zur Zeit. Roman. 1991.
Erste Liebe – letzte Riten. Erzählungen. 1982.
Liebeswahn. Roman. 2000.
Saturday. Roman. 2007.
Schwarze Hunde. Roman. 1996.
Letzter Sommertag. Stories. 2010.
Der Tagträumer. Erzählung. 2000.
Der Trost von Fremden. Roman. 1985.
Unschuldige. Eine Berliner Liebesgeschichte. Roman. 1993.
Der Zementgarten. Roman. 1982.
Zwischen den Laken. Erzählungen. 1983.
Saturday. Roman. 2012.
Solar. Roman. 2012.
• Kinderbücher:
Der Tagträumer. Erzählung. 2000.

Mac Laverty, Bernard
Cal. Roman. 1986.

Mansfield, Katherine
Glück und andere Meistererzählungen. 2012.
Sämtliche Erzählungen in zwei Bänden. 2012.

Marcuse, Ludwig
Denken mit Ludwig Marcuse. 2008.
Heinrich Heine. Melancholiker, Streiter in Marx, Epikureer. 1977.
Meine Geschichte der Philosophie. Aus den Papieren eines bejahrten Philosophiestudenten. 1981.
Ignatius von Loyola. Ein Soldat der Kirche. 1973.
Obszön. Geschichte einer Entrüstung. 1984.
Philosophie des Glücks. Von Hiob bis Freud. 1972.
Mein zwanzigstes Jahrhundert. Auf dem Weg zu einer Autobiographie. 1975.
Ludwig Börne. Aus der Frühzeit der deutschen Demokratie. 1977.
Nachruf auf Ludwig Marcuse. 1975.
Sigmund Freud. Sein Bild vom Menschen. 1972.
Wie alt kann Aktuelles sein? Literarische Porträts und Kritiken. 1989.

• Außerdem liegt vor:
Ein Panorama europäischen Geistes in drei Bänden in Kassette. 2008.

Markaris, Petros
Balkan Blues. Geschichten. 2007.
Wiederholungstäter. Ein Leben zwischen Istanbul, Wien und Athen. 2008.
Finstere Zeiten. Zur Krise in Griechenland. 2012.
• Die Fälle für Kostas Charitos:
Der Großaktionär. Roman. 2009.
Hellas Channel. Roman. 2001.
Die Kinderfrau. Roman. 2010.
Faule Kredite. Roman. 2012.
Live! Roman. 2005.
Nachtfalter. Roman. 2003.
Zahltag. Roman. 2012.

Matisse, Henri
Über Kunst. 1987.
Der Zeichner. 1988.

Matussek, Matthias
Fifth Avenue. Zehn Stories und ein Dramolett. 2006.
Rupert oder Die Kunst des Verlierens. 2000.

Maugham, W. Somerset
Books and You. Eine kleine persönliche Geschichte der Weltliteratur. 2007.
Denken mit W. Somerset Maugham. 2009.
Gesammelte Erzählungen in zwei Bänden in Kassette. 2005.
Band 1: *Ost und West*
Band 2: *Der Rest der Welt*
Der Menschen Hörigkeit. Roman. 2010.
Notizbuch eines Schriftstellers. 2004.
Die halbe Wahrheit. Keine Autobiographie. 2000.
Zehn Romane und ihre Autoren. 1994.
• Erzählungen in Einzelbänden:
Ashenden oder Der britische Geheimagent. 1976.
Eine flüchtige Beziehung und andere Erzählungen. 2008.
Der Büchersack und andere Erzählungen. 2008.
Eine romantische junge Dame und andere Erzählungen. 2008.
Fußspuren im Dschungel und andere Erzählungen. 2008.
Honolulu und andere Erzählungen. 2008.
Regen und andere Meistererzählungen. 2007.
Die Winterkreuzfahrt und andere Erzählungen. 2008.
• Romane in Einzelbänden:
Auf Messers Schneide. Roman. 1973.
Damals und heute. Ein Machiavelli-Roman. 1975.
Liza von Lambeth. Roman. 1985.
Der Magier. Ein parapsychologischer Roman. 1975.
Oben in der Villa. Roman. 1975.
Rosie und die Künstler. Roman. 1973.
Der bunte Schleier. Roman. 1986.
Silbermond und Kupfermünze. Roman. 1973.
Theater. Ein Schauspieler-Roman. 1975.
Der schmale Winkel 2007.
• Außerdem liegt vor:
Leben und Werk. 2010.

Maupassant, Guy de
Im Frühling und andere Geschichten von Lust und Leidenschaft. 2008.
Das Haus Tellier und andere Erzählungen. 1983.
Mamsell Fifi und andere Erzählungen. 1983.

Meaker, Marijane
Meine Jahre mit Pat. Erinnerungen an Patricia Highsmith. 2008.

Meienberg, Niklaus
Heimsuchungen. Ein ausschweifendes Lesebuch. 1986.
Zunder. Überfälle, Übergriffe, Überbleibsel. 1995.

Melville, Herman
Billy Budd. Novelle. 1981.

Meistererzählungen. 1993.
Moby-Dick. Roman. 1977.

Mertens, Fritz
Ich wollte Liebe und lernte hassen! Ein Bericht. 1987.

Molière
Der eingebildete Kranke / Die Gaunereien des Scappino. Zwei Komödien. 1975.
Der Menschenfeind / Die erzwungene Heirat / Die gelehrten Frauen. Drei Komödien. 1975.
Die Schule der Frauen / Kritik der ›Schule der Frauen‹ / Die Schule der Ehemänner. Drei Komödien. 1975.

Mohammed
Die Stimme des Propheten. Aus dem Koran. 1987.

Montaigne, Michel de
Denken mit Michel de Montaigne. 2005.
Essais. 1992.
Tagebuch einer Reise nach Italien über die Schweiz und Deutschland. 2007.
• Außerdem liegen vor:
Über Montaigne. 1992.
Montaigne heute. Von Mathias Greffrath. 2006.
Michel de Montaigne. Eine Biographie. Von Wilhelm Weigand. 1985.

Montesquieu, Charles-Louis Secondat
Vom weisen und glücklichen Leben. 2004.

Moltke, Helmuth von
Die beiden Freunde. Eine Erzählung. 1995.

Moltke, Helmuth James Graf von
Letzte Briefe aus dem Gefängnis Tegel 1945 / Bericht aus Deutschland im Jahre 1943. 1997.
• Außerdem liegt vor:
Balfour, Michael & Julian Frisby Helmuth James Graf von Moltke 1907–1945. 1995.

Moore, Brian
Hetzjagd. Roman. 1999.

Morgenstern, Christian
Alle Galgenlieder. Galgenlieder / Palmström / Palma Kunkel / Der Gingganz. 1981.

Morus, Thomas
Utopia. Roman. 1981.

Morweiser, Fanny
Un joli garçon. Roman. 2009.
Die Kürbisdame. Eine Kleinstadt-Trilogie. Erzählungen. 1982.
Schwarze Tulpe. Roman. 2003.

Mrożek, Sławomir
Auf hoher See / Striptease. Zwei Einakter. 1994.
Balthasar. Autobiographie. 2007.
Der Doppelgänger und andere Geschichten. 2000.
Emigranten. Schauspiel in einem Akt. 1994.
Mein unbekannter Freund und andere Geschichten. 1999.
Die Geheimnisse des Jenseits und andere Geschichten. 1993.
Die Giraffe und andere Erzählungen. 1992.
Das Leben für Anfänger. Ein zeitloses ABC mit Zeichnungen von Chaval. 2010.
Das Leben für Fortgeschrittene. Ein überflüssiges ABC mit Zeichnungen von Chaval. 2006.
Lolo und andere Geschichten. 2000.
Der Perverse und andere Geschichten. 1995.
Lauter Sünder / Schöne Aussicht. Zwei Stücke. 2002.
Tango. Schauspiel in drei Akten. 1994.
Das dramatische Werk in sieben Bänden in Kassette. 2000.
Amor und andere Stücke. 1998.
Der Botschafter und andere Stücke. 1993.
Emigranten und andere Stücke. 1997.
Liebe auf der Krim. Eine tragische Komödie in drei Akten. 1994.
Watzlaff und andere Stücke. 1994.

Mozart, Wolfgang Amadeus

Briefe.
Auswahl und Nachwort von Horst Wandrey. 1988.
• Außerdem liegt vor:
Mozart.
Eine Biographie von Dorothea Leonhart. 2008.

Müller, Wilhelm
Die Winterreise und Die schöne Müllerin. 1991.

Mulot, Sibylle
Die Fabrikanten. Roman einer Familie. 2006.
Das ganze Glück. Eine Liebesgeschichte. Mit einem Hafis-Orakel. 2002.
Das Horoskop. 1999.
Die unschuldigen Jahre. Roman. 2000.
Liebeserklärungen. Roman. 1996.
Die Unwiderstehlichen. 2009.

Murschetz, Luis
Der Maulwurf Grabowski. 1972.

Muschg, Walter
Tragische Literaturgeschichte. 2006.
Die Zerstörung der deutschen Literatur und andere Essays. 2009.

Nabb, Magdalen
Cosimo. Roman. 2006.
• Maresciallo Guarnaccias Fälle:
Tod eines Engländers. Der erste Fall. Roman. 1991.
Tod eines Holländers. Der zweite Fall. Roman. 1992.
Tod im Frühling. Der dritte Fall. Roman. 1988.
Tod im Herbst. Der vierte Fall. Roman. 1990.
Tod in Florenz. Der fünfte Fall. Roman. 1992.
Tod einer Verrückten. Der sechste Fall. Roman. 1997.
Tod einer Queen. Der siebte Fall. Roman. 1994.
Tod im Palazzo. Der achte Fall. Roman. 1995.
Geburtstag in Florenz. Der neunte Fall. Roman. 2000.
Das Ungeheuer von Florenz. Der zehnte Fall. Roman. 1998.
Alta moda. Der elfte Fall. Roman. 2001.
Nachtblüten. Der zwölfte Fall. Roman. 2004.
Eine Japanerin in Florenz. Der dreizehnte Fall. Roman. 2008.
Vita Nuova. Der vierzehnte Fall. Roman. 2009.

Nietzsche, Friedrich
Denken mit Friedrich Nietzsche. 2006.
Gedichte. 1994.
• Außerdem liegt vor:
Friedrich Nietzsche. Sein Leben erzählt von Otto A. Böhmer. 2007.

Nigg, Walter
Das Buch der Ketzer. 1986.
Vom Geheimnis der Mönche. Von Bernhard von Clairvaux bis Teresa von Avila. 1990.
Große Heilige. Von Franz von Assisi bis Therese von Lisieux. 2006.
Des Pilgers Wiederkehr. Drei Variationen über ein Thema. 1992.

Noll, Ingrid
Die Apothekerin. Roman. 1996.
Ehrenwort. Roman. 2012.
Falsche Zungen. Gesammelte Geschichten. 2005.
Die Häupter meiner Lieben. Roman. 1994.
Der Hahn ist tot. Roman. 1993.
Kalt ist der Abendhauch. Roman. 1998.
Kuckuckskind. Roman. 2010.
Ladylike. Roman. 2007.
Rabenbrüder. Roman. 2005.
Röslein rot. Roman. 2000.
Der Schweinepascha in 15 Bildern. 2001.
Über Bord. Roman. 2012.
Selige Witwen. Roman. 2002.

Nothomb, Amélie
Attentat. Roman. 2008.

Biographie des Hungers. Roman. 2010.
Böses Mädchen. Roman. 2006.
Kosmetik des Bösen. Roman. 2005.
Liebessabotage. Roman. 1996.
Metaphysik der Röhren. Roman. 2004.
Mit Staunen und Zittern. Roman. 2002.
Der Professor. Roman. 1997.
Quecksilber. Roman. 2004.
Reality-Show. Roman. 2009.
Die Reinheit des Mörders. Roman. 1996.
Den Vater töten. Roman. 2012.
Der japanische Verlobte. Roman. 2012.
Winterreise. Roman. 2012.

O'Brien, Edna
Das Mädchen mit den grünen Augen. Roman. 1981.

O'Casey, Sean
Ich klopfe an. Eine Kindheit in Irland. 1978.

O'Connor, Frank
Don Juans Versuchung. Erzählungen. 1977.
Die Reise nach Dublin. Roman. 1990.
Und freitags Fisch und andere Meistererzählungen. 1975.

O'Faolain, Sean
Trinker und Träumer und andere Meistererzählungen. 1980.

O'Flaherty, Liam
Zornige grüne Insel (vorm.: *Hungersnot).* Eine irische Saga. 1987.
Silbervogel und andere Meistererzählungen. 2008.

Olivier, Fernande
Picasso und seine Freunde. 1989.

Orwell, George
Denken mit George Orwell. Ein Wegweiser in die Zukunft. 2005.
Werkausgabe in acht Bänden:
Auftauchen, um Luft zu holen. Roman. 1981.
Erledigt in Paris und London. 1978.
Farm der Tiere. Ein Märchen. 1973.
Im Innern des Wals. Erzählungen und Essays. 1975.
Mein Katalonien. Bericht über den Spanischen Bürgerkrieg. 1975.
Rache ist sauer. Essays. 1975.
Tage in Burma. Roman. 1982.
Der Weg nach Wigan Pier. 1982.
• Außerdem liegt vor: *George Orwell.* Eine Biographie von Michael Shelden. 1993.

Padrutt, Hanspeter
Und sie bewegt sich doch nicht. Parmenides im epochalen Winter. 1992.
Der epochale Winter. Zeitgemäße Betrachtungen. 1990.

Palmen, Connie
Die Erbschaft. Roman. 2003.
Die Freundschaft. Roman. 1998.
Ganz der Ihre. Roman. 2005.
Die Gesetze. Roman. 1995.
Idole und ihre Mörder. 2005.
I.M. Ischa Meijer – In Margine. In Memoriam. 2001.
Luzifer. Roman. 2010.

Pascal, Blaise
Denken mit Blaise Pascal. 2006.

Pericoli, Tullio
Portraits. 1992.

Pessoa, Fernando
Denken mit Fernando Pessoa. 2008.

Picasso, Pablo
Über Kunst (vorm.: *Denken mit Picasso).* Aus Gesprächen zwischen Picasso und seinen Freunden. 1988.

Pirandello, Luigi
Meistererzählungen. 1987.

Pisani, Liaty
Die rote Agenda. Der Spion und der Pate. Roman. 2012.
Die Nacht der Macht. Der Spion und der Präsident. Roman. 2004.

Der Spion und der Bankier. Roman. 2001.
Der Spion und der Schauspieler. Schweigen ist Silber. Roman. 2002.
Stille Elite. Der Spion und der Rockstar. Roman. 2006.
Das Tagebuch der Signora. Roman. 2009.

Poe, Edgar Allan
Die denkwürdigen Erlebnisse des Arthur Gordon Pym. Roman. 1985.
Meistererzählungen (vorm.: *Die besten Geschichten…).* 1989.
Das erzählerische Werk in der berühmten Propyläen-Ausgabe von 1922:
Die schwarze Katze und andere Verbrechergeschichten. 1984.
Die Maske des roten Todes und andere phantastische Fahrten. 1984.
Der Teufel im Glockenstuhl und andere Scherz- und Spottgeschichten. 1984.
Der Untergang des Hauses Usher und andere Geschichten von Schönheit, Liebe und Wiederkunft. 1984.

Poschenrieder, Christoph
Der Spiegelkasten. Roman. 2011.
Die Welt ist im Kopf. Roman. 2011.

Post, Laurens van der
Flamingofeder. Roman. 1995.
Das Herz des kleinen Jägers. Roman. 1995.
Die verlorene Welt der Kalahari. Reisebericht. 1995.

Potter, Beatrix
Die gesammelten Abenteuer von Peter Hase. 1986.

Renoir, Jean
Mein Leben und meine Filme. 1992.
Mein Vater Auguste Renoir. 1991.

Rey, H. A.
Coco der neugierige Affe. 1995.
Coco fährt Rad. 1997.

Rey, Margret & H. A. Rey
Brezel. 1999.

Richartz, Walter E.
Büroroman. 1978.
Das Leben als Umweg. Gesammelte Erzählungen. 1988.
Tod den Ärtzten. Roman. 1980.

Rilke, Rainer Maria
Briefe an einen jungen Dichter/Briefe an eine junge Frau. 2006.
Die schönsten Gedichte von Rainer Maria Rilke. 2006.

Ringelnatz, Joachim
Als Mariner im Krieg. 2004.
Ich habe dich so lieb! Die schönsten Liebesgedichte. 2007.
Kuttel Daddeldu. 2006.
Meistererzählungen. 1998.
Die wilde Miß vom Ohio und andere ungewöhnliche Geschichten. 1995.
Sämtliche Erzählungen und Gedichte in zwei Bänden in Kassette. 2003.
Sämtliche Gedichte. 2005.
Gedichte und Prosa in kleiner Auswahl. 1995.
Das Gesamtwerk in sieben Bänden in Kassette. 1994.
Gedichte 1.
Gedichte 2.
Dramen.
Erzählungen.
Vermischte Prosa.
Mein Leben bis zum Kriege.
Als Mariner im Krieg.
Weihnachten mit Ringelnatz. 2009.
• Außerdem liegen vor:
Das große Ringelnatz-Buch. 2005.
Das Ringelnatz Lesebuch. 1984.

Rodin, Auguste
Die Kunst. 1988.

Roscoe, Gerald
Das gute Leben. Ein Wegweiser zum Buddhismus für den Westen. 2010.

Rosendorfer, Herbert
Großes Solo für Anton. Roman. 1982.
Deutsche Suite. Roman. 1982.

Rosenfeld, Astrid
Adams Erbe. Roman. 2012.

Roth, Joseph
Beichte eines Mörders, erzählt in einer Nacht. Roman. 2010.
Die Flucht ohne Ende Ein Bericht. Roman. 2010.
Die Geschichte von der 1002. Nacht. Roman. 2010.
Ich zeichne das Gesicht der Zeit. Essays. Reportagen, Feuilletons. 2013.
Das falsche Gewicht. Roman. 2010.
Hiob. Roman. 2010.
Hotel Savoy. Roman. 2010.
Die Kapuzinergruft. Roman. 2010.
Die Legende vom heiligen Trinker. 2010.
Der Leviathan und andere Meistererzählungen. 2010.
Radetzkymarsch. Roman. 2010.
Das Spinnennetz. Roman. 2010.
Tarabas. Roman. 2010.
• Außerdem liegt vor: *Leben und Werk.* 2010.

Scheffel, Joseph Victor von
Ekkehard. Roman. 1985.

Schlink, Bernhard
Gedanken über das Schreiben. Heidelberger Poetikvorlesungen. 2011.
Die Heimkehr. Roman. 2006.
Liebesfluchten. 2012.
Die gordische Schleife. Roman. 1988.
3 Selb im Schuber. Enthält: *Selbs Justiz/ Selbs Betrug / Selbs Mord.* 2010.
Selbs Betrug. Roman. 1994.
Selbs Mord. Roman. 2003.
Sommerlügen. 2012.
Vergangenheitsschuld. Beiträge zu einem deutschen Thema. 2007.
Vergewisserungen. Über Politik, Recht, Schreiben und Glauben. 2005.
Der Vorleser. Roman. 1997.
Das Wochenende. Roman. 2010.

Schlink, Bernhard & Walter Popp
Selbs Justiz. Roman. 1987.

Schneider, Hansjörg
Nachtbuch für Astrid. Von der Liebe, vom Sterben, vom Tod und von der Trauer darüber, den geliebten Menschen verloren zu haben. 2012.
Nilpferde unter dem Haus. Erinnerungen, Träume. 2012.
Das Wasserzeichen. Roman. 2013.
• Kommissär Hunkeler:
Silberkiesel. Der erste Fall. Roman. 2011.
Flattermann. Der zweite Fall. Roman. 2011.
Das Paar im Kahn. Der dritte Fall. Roman. 2011.
Tod einer Ärztin. Der vierte Fall. Roman. 2011.
Hunkeler und die Augen des Ödipus. Der achte Fall. Roman. 2012.

Schnitzler, Arthur
Meistererzählungen (vorm.: *Spiel im Morgengrauen*). 1983.

Schopenhauer, Arthur
Aphorismen zur Lebensweisheit. 2010.
Denken mit Arthur Schopenhauer. 2010.
Gesammelte Werke in zehn Bänden in Kassette. 2007.
Die beiden Grundprobleme der Ethik: *Über die Freiheit des menschlichen Willens.* Kleinere Schriften II. 1977.
Parerga und Paralipomena in zwei Teilbänden. 1977.
Die Welt als Wille und Vorstellung I und II in je zwei Teilbänden. 1977.
Über die vierfache Wurzel des Satzes vom zureichenden Grunde / Über den Willen. Kleinere Schriften I. 1977.

Schünemann, Christian
Der Bruder. Ein Fall für den Frisör. Roman. 2008.

Stunden lang. 1988.

Stammbaum. Pedigree. Roman. 1984.

- Maigret-Gesamtausgabe in 75 Bänden:

Maigret und Pietr der Lette. Roman. 2008.

Maigret und der verstorbene Monsieur Gallet. Roman. 2008.

Maigret und der Gehängte von Saint-Pholien. Roman. 2008.

Maigret und der Treidler der ›Providence‹. Roman. 2008.

Maigret kämpft um den Kopf eines Mannes. Roman. 2008.

Maigret und der gelbe Hund. Roman. 2008.

Maigrets Nacht an der Kreuzung. Roman. 2008.

Maigret und das Verbrechen in Holland. Roman. 2008.

Maigret am Treffen der Neufundlandfahrer. Roman. 2008.

Maigret und der Spion. Roman. 2008.

Maigret und die kleine Landkneipe. Roman. 2008.

Maigret und das Schattenspiel. Roman. 2008.

Maigret und die Affäre Saint-Fiacre. Roman. 2008.

Maigret bei den Flamen. Roman. 2008.

Maigret und der geheimnisvolle Kapitän. Roman. 2008.

Maigret und der Verrückte von Bergerac. Roman. 2008.

Maigret in der Liberty Bar. Roman. 2008.

Maigret in Nöten. Roman. 2008.

Maigret und sein Neffe. Roman. 2008.

Maigret und die Keller des ›Majestic‹. Roman. 2008.

Maigret im Haus des Richters. Roman. 2008.

Maigret verliert eine Verehrerin. Roman. 2008.

Maigret contra Picpus. Roman. 2008.

Maigret und sein Rivale. Roman. 2008.

Maigret und das Dienstmädchen. Roman. 2008.

Maigret regt sich auf. Roman. 2008.

Maigret in New York. Roman. 2008.

Maigret macht Ferien. Roman. 2008.

Maigret und sein Toter. Roman. 2008.

Maigrets erste Untersuchung. Roman. 2008.

Mein Freund Maigret. Roman. 2008.

Maigret in Arizona. Roman. 2008.

Maigret und die alte Dame. Roman. 2008.

Madame Maigrets Freundin. Roman. 2008.

Maigrets Memoiren. Roman. 2008.

Maigret, die Tänzerin und die Gräfin. Roman. 2008.

Maigret als möblierter Herr. Roman. 2009.

Maigret und die Bohnenstange. Roman. 2009.

Maigret, Lognon und die Gangster. Roman. 2009.

Maigret und sein Revolver. Roman. 2009.

Maigret und der Mann auf der Bank. Roman. 2009.

Maigret hat Angst. Roman. 2009.

Hier irrt Maigret. Roman. 2009.

Maigret und die schrecklichen Kinder. Roman. 2009.

Maigret und die junge Tote. Roman. 2009.

Maigret und der Minister. Roman. 2009.

Maigret und die kopflose Leiche. Roman. 2009.

Maigret stellt eine Falle. Roman. 2009.

Maigret erlebt eine Niederlage. Roman. 2009.
Maigret amüsiert sich. Roman. 2009.
Maigret auf Reisen. Roman. 2009.
Maigret hat Skrupel. Roman. 2009.
Maigret und die widerspenstigen Zeugen. Roman. 2009.
Maigrets Geständnis. Roman. 2009.
Maigret vor dem Schwurgericht. Roman. 2009.
Maigret und die alten Leute. Roman. 2009.
Maigret und der faule Dieb. Roman. 2009.
Maigret und die braven Leute. Roman. 2009.
Maigret und der Samstagsklient. Roman. 2009.
Maigret und der Clochard. Roman. 2009.
Maigret gerät in Wut. Roman. 2009.
Maigret und das Gespenst. Roman. 2009.
Maigret verteidigt sich. Roman. 2009.
Maigret lässt sich Zeit. Roman. 2009.
Maigret und der Fall Nahour. Roman. 2009.
Maigret in Künstlerkreisen. Roman. 2009.
Maigret in Kur. Roman. 2009.
Maigret zögert. Roman. 2009.
Maigret und sein Jugendfreund. Roman. 2009.
Maigret und der Messerstecher. Roman. 2009.
Maigret und der Weinhändler. Roman. 2009.
Maigret und die verrückte Witwe. Roman. 2009.
Maigret und der einsame Mann. Roman. 2009.
Maigret und der Spitzel. Roman. 2009.
Maigret und Monsieur Charles. Roman. 2009.

• Ausgewählte Non-Maigret-Romane:

Die Verlobung des Monsieur Hire. Roman. 2010.
Tropenkoller. Roman. 2010.
Das Haus am Kanal. Roman. 2010.
Der Mann aus London. Roman. 2010.
Die Selbstmörder. Roman. 2010.
Der Untermieter. Roman. 2010.
Der Mörder. Roman. 2011.
Das Testament Donadieu. Roman. 2011.
Die Überlebenden der Télémaque. Roman. 2011.
Der Mann, der den Zügen nachsah. Roman. 2011.
Der Bananentourist. Roman. 2011.
Die Marie vom Hafen. Roman. 2011.
Zum Weißen Ross. Roman. 2011.
Wellenschlag. Roman. 2011.
Der fremde Vetter. Roman. 2011.
Fremd im eigenen Haus. Roman. 2011.
Der Bürgermeister von Furnes. Roman. 2011.
Der Outlaw. Roman. 2011.
Die Witwe Couderc. Roman. 2011.
Die Wahrheit über Bébé Donge. Roman. 2011.
Ankunft Allerheiligen. Roman. 2011.
Der Bericht des Polizisten. Roman. 2011.
Die Flucht des Monsieur Monde. Roman. 2011.
Die Ferien des Monsieur Mahé. Roman. 2011.
Drei Zimmer in Manhattan. Roman. 2011.
Brief an meinen Richter. Roman. 2012.
Die Fantome des Hutmachers. Roman. 2012.
Die grünen Fensterläden. Roman. 2012.
Tante Jeanne. Roman. 2012.
Die Zeit mit Anaïs. Roman. 2012.
Bellas Tod. Roman. 2012.

Antoine und Julie. Roman. 2012.
Schlusslichter. Roman. 2012.
Der Uhrmacher von Everton. Roman. 2012.
Der große Bob. Roman. 2012.
Die Komplizen. Roman. 2012.
Im Falle eines Unfalls. Roman. 2013.
Der Buchhändler von Archangelsk. Roman. 2013.
Der Präsident. Roman. 2013.
Sonntag. Roman. 2013.
Weihnachten mit Maigret. Erzählung. 1994.
• Außerdem liegen vor:
Simenon – Sein Leben in Bildern. 2009.
Sämtliche Maigret-Geschichten. 2009.
Der Maigret-Marathon. Von Tilman Spreckelsen. 2009.
Simenon und Maigret bitten zu Tisch. Gesammelte Bistrorezepte von Robert J. Courtine. 1997.

Singer, Isaac B.
Späte Liebe. Drei Geschichten. 2008.

Sinowjew, Alexander
Ich bin für mich selbst ein Staat. Betrachtungen eines russischen Kosmopoliten. 1987.
Der Staatsfreier oder Wie wird man Spion? Roman. 1989.

Slesar, Henry
Das tödliche Telefon und andere Meistererzählungen. 2012.

Spark, Muriel
Die Ballade von Peckham Rye. Roman. 1974.
Bitte nicht stören. Roman. 1994.
Die Blütezeit der Miss Jean Brodie. Roman. 1983.
Curriculum Vitae. Selbstportrait der Künstlerin als junge Frau. 1994.
Frau Dr. Wolfs Methode. Roman. 2003.
Hoheitsrechte. Roman. 1988.
Hundertundelf Jahre ohne Chauffeur. Geschichten. 2005.
In den Augen der Öffentlichkeit. Roman. 1992.
In sturmzerzauster Welt. Die Brontës. 2006.
Junggesellen. Roman. 1982.
Mädchen mit begrenzten Möglichkeiten. Roman. 1986.
Das Mandelbaumtor. Roman. 1986.
Meistererzählungen (vorm.: *Portobello Road).* 1996.
Päng päng, du bist tot und andere Geschichten. 1987.
Das einzige Problem. Roman. 1988.
Robinson. Roman. 1983.
Der letzte Schliff. Roman. 2007.
Träume und Wirklichkeit. Roman. 1998.
Das Treibhaus am East River. Roman. 1994.
Die Tröster. Roman. 1983.
Übernahme. Roman. 1992.
Vorsätzlich Herumlungern. Roman. 1984.
Wenn du Talent hast für die Liebe. Gedichte Englisch / Deutsch. 2012.

Starr, Jason
Brooklyn Brothers. Roman. 2011.
Dumm gelaufen. Roman. 2012.
Hard Feelings. Roman. 2005.
Ein wirklich netter Typ. Roman. 2004.
Panik. Roman. 2010.
Stalking. Roman. 2009.
Top Job. Roman. 2000.
Twisted City. Roman. 2006.

Sterchi, Beat
Blösch. Roman. 1985.

Stothard, Anna
Pink Hotel. Roman. 2012.

Strittmatter, Thomas
Raabe Baikal. Roman. 1992.
Viehjud Levi. Volkstheaterstück. 2000.

Steger, H. U.
Reise nach Tripiti. 1967.
Wenn Kubaki kommt. 1976.

Stendhal
Die Kartause von Parma. Roman. 1981.
Über die Liebe. Essay. 1981.
Meistererzählungen. 1992.
Rot und Schwarz. Eine Chronik des 19. Jahrhunderts. 1981.

Steinberg, Saul
Die Entdeckung Amerikas. 1992.

Steinberg, Saul & Aldo Buzzi
Schatten und Spiegelungen. Eine Art Autobiographie. 2002.

Sterne, Laurence
Tristram Shandy. Roman. 1982.

Stevenson, Robert Louis
Dr. Jekyll und Mr. Hyde. Erzählung. 1996.
Die Schatzinsel. Roman. 1979.

Stifter, Adalbert
Bergkristall und andere Meistererzählungen. 2005.

Stoker, Bram
Draculas Gast. Sechs Gruselgeschichten. 2011.

Süskind, Patrick
Drei Geschichten und eine Betrachtung. 2005.
Der Kontrabaß. 1997.
Das Parfum. Die Geschichte eines Mörders. 2006
Die Taube. 1990.
Über Liebe und Tod. 2006.

Süskind, Patrick & Jean-Jacques Sempé
Die Geschichte von Herrn Sommer. 2012.

Suter, Martin
• Geschichten aus der Welt des Managements:
Abschalten. Die Business Class macht Ferien. 2012.
Das Bonus-Geheimnis. 2010.
Business Class. 2002.
Business Class II. 2004.
Huber spannt aus. 2006.
Richtig leben mit Geri Weibel. Sämtliche Folgen. 2005.
Unter Freunden. 2007.
• Romane und Erzählungen:
Die dunkle Seite des Mondes. Roman. 2012.
Ein perfekter Freund. Roman. 2003.
Der Koch. Roman. 2011.
Lila, Lila. Roman. 2004.
Small World. Roman. 1999.
Der Teufel von Mailand. Roman. 2006.
Der letzte Weynfeldt. Roman. 2009.
Die Zeit, die Zeit. Roman. 2012.
• Serienkrimis:
Allmen und die Libellen. Roman. 2011.
Allmen und der rosa Diamant. Roman. 2011.

Svevo, Italo
Ein Leben. Roman. 2011.
Senilità. Roman. 2005.
Zenos Gewissen. Roman. 2010.
Romane im Schuber. Enthält: *Ein Leben / Senilità / Zenos Gewissen.* 2011.

Swift, Jonathan
Gullivers Reisen. Roman. 1993.

Szczypiorski, Andrzej
Die schöne Frau Seidenman. Roman. 1991.
Eine Messe für die Stadt Arras. Roman. 1991.
Nacht, Tag und Nacht. Roman. 1994.
• Außerdem liegt vor: *Andrzej Szczypiorski.* Eine Biographie von Marta Kijowska. 2006.

Tamaro, Susanna
Anima mundi. Roman. 1999.
Geh, wohin dein Herz dich trägt. Roman. 1998.
Kopf in den Wolken. Roman. 1995.

Taylor, Amanda
Nobody knows. Nach einer wahren Geschichte. 2011.

Thompson, Jim
Getaway. Roman. 1992.

Der Mörder in mir. Roman. 1992.
Muttersöhnchen. Roman. 1995.
Zwölfhundertachtzig schwarze Seelen. Roman. 1992.

Tokarjewa, Viktorija
Der Baum auf dem Dach. Roman. 2012.
Alle meine Feinde und andere Erzählungen. 2011.
Glücksvogel. Roman. 2007.
Happy-End. Erzählung. 1994.
Lebenskünstler. Erzählungen. 1994.
Liebesterror. Roman. 2010.
Mara. Erzählung. 1993.
Der Pianist und andere Erzählungen. 2002.
Zickzack der Liebe. Erzählungen. 1990.

Tolstoi, Alexandra
Tolstois Flucht und Tod. Geschildert von seiner Tochter Alexandra. 2008.

Tolstoi, Leo
Auferstehung. Roman. 1993.
Anna Karenina. Roman. 1985.
Krieg und Frieden. Roman. 1991.
Meistererzählungen (vorm.: *Die besten Geschichten…).* 1989.
Gesammelte Erzählungen in sechs Bänden in Kassette. 1985.

Topor, Roland
Memoiren eines alten Arschlochs. 1980.
Tragikomödien. 2008.

Thoreau, Henry David
Denken mit Henry David Thoreau. 2008.
Über die Pflicht zum Ungehorsam gegen den Staat. 2012.
Vom Spazieren. Ein Essay. 2004.
Walden oder Leben in den Wäldern. 2012.

Traven, B.
Das Totenschiff. Roman. 1983.

Tschukowskaja, Lydia
Sofja Petrowna (vorm.: *Ein leeres Haus).* Erzählung. 1990.

Tucholsky, Kurt
Die schönsten Gedichte. 2006.
Schloß Gripsholm. Eine Sommergeschichte. 2006.
Sehnsucht nach der Sehnsucht. Die schönsten Liebesgedichte. 2009.
• Außerdem liegen vor: *Rheinsberg.* Ein Bilderbuch für Verliebte. 2008.
Das Tucholsky Lesebuch. 2007.

Turgenev, Ivan
Aufzeichnungen eines Jägers. Samt drei ›Jägerskizzen‹ aus dem Umkreis. Erzählungen. 2007.
Erste Liebe. 2009.

Twain, Mark
Bummel durch Europa. 1990.
Meistererzählungen. 1990.
Die Eine-Million-Pfund-Note und andere ausgewählte Erzählungen. 1987.
Tom Sawyers Abenteuer. Roman. 1985.
Ein Yankee aus Connecticut an König Artus' Hof. Roman. 1990.

Twain, Mark & Tatjana Hauptmann
Die Abenteuer von Tom Sawyer und Huckleberry Finn. Zwei Bände in Kassette. 2002.

Uhlman, Fred
The Making of an Englishman. Erinnerungen eines deutschen Juden. 1998.
Der wiedergefundene Freund. Erzählung. 1998.

Ungerer, Tomi
Die Hölle ist das Paradies des Teufels. Gedanken und Notizen. 2013.
• Kunstbücher: *Bücherbilder.* 2012.
Es war einmal mein Vater. 2003.
Expect the Unexpected. 2006.
Die Gedanken sind frei. Meine Kindheit im Elsaß. 1999.
Heute hier, morgen fort. 1983.
Katzen. 1998.
The Party. 2009.
Slow Agony. 1983.

Tomi Ungerer. Eine Retrospektive. 1991.
Vögel. 2004.
Achtung Weihnachten. 2010.
• Kinderbücher:
Die Abenteuer der Familie Mellops. 2006.
Das Biest des Monsieur Racine. 2008.
Crictor die gute Schlange. 1968.
Das Tomi Ungerer Kinderbuch Schatzkästlein. 2011.
Neue Freunde. 2007.
Fünf fabelhafte Fabeltiere. 2008.
Der Hut. 1972.
Das kleine Kinderliederbuch. 2005.
Kein Kuss für Mutter. Eine Geschichte über zu viel oder zu wenig Liebe. 2006.
Das große Liederbuch. 1975.
Der Mondmann. 1966.
Der Nebelmann. Eine Geschichte aus Irland. 2012.
Otto. Autobiographie eines Teddybären. 1999.
Papa Schnapp und seine noch-nie-dagewesenen Geschichten. 1973.
Die drei Räuber. 2007.
Tremolo. 1998.
Zeraldas Riese. 1970.
Zloty. 2009.
• Außerdem liegt vor:
Expect the Unexpected (Festschrift). Essays über Tomi Ungerer zu seinem 80. Geburtstag. 2011.

Ungerer, Tomi & Barbara Hazen
Der Zauberlehrling. 1971.

Ungerer, Tomi & André Hodeir
Warwick und die 3 Flaschen. 1967.

Ungerer, Tomi & Thérèse Willer
Museum Tomi Ungerer. Werkkatalog zur ständigen Ausstellung. 2008.

Urban, Peter
Genauigkeit und Kürze. Ansichten zur russischen Literatur. 2006.

Vercors
Das Schweigen des Meeres. Erzählung. 2002.

Vermeulen, John
Die Elster auf dem Galgen. Roman aus der Zeit Pieter Bruegels. 1995.
Der Garten der Lüste. Roman über Leben und Werk des Hieronymus Bosch. 2004.
Der Maler des Verborgenen. Roman über Leonardo da Vinci. 2012.
Zwischen Gott und der See. Roman über das Leben und Werk des Gerhard Mercator. 2007.

Verne, Jules
Fünf Wochen im Ballon. Roman. 1976.
Das Karpathenschloß. Roman. 1977.
Reise um die Erde in achtzig Tagen. Roman. 1974.
Reise zum Mittelpunkt der Erde. Roman. 1976.
Die großen Seefahrer und Entdecker. Eine Geschichte der Entdeckung der Erde im 18. und 19. Jahrhundert. 1986.
Von der Erde zum Mond. Roman. 1976.
Zwanzigtausend Meilen unter Meer. Roman in zwei Bänden. 1976.
Zwei Jahre Ferien. Roman. 1982.

Vine, Barbara
Aus der Welt. Roman. 2008.
Die im Dunkeln sieht man doch. Roman. 1989.
Es scheint die Sonne noch so schön. Roman. 1991.
Der schwarze Falter. Roman. 2000.
Das Geburtstagsgeschenk. Roman. 2010.
Das Haus der Stufen. Roman. 1993.
Heuschrecken. Roman. 2003.
König Salomons Teppich. Roman. 1994.
Königliche Krankheit. Roman. 2005.
Schwefelhochzeit. Roman. 1999.

Vollard, Ambroise
Erinnerungen eines Kunsthändlers. 1989.

Volo, Fabio
Einfach losfahren. Roman. 2011.
Noch ein Tag und eine Nacht. Roman. 2011.

Voltaire
Candide oder der Optimismus. Erzählung. 2005.
Denken mit Voltaire. 2005.

Waechter, F.K.
Der Affe des Strandfotografen. 2004.
Alles klar? Die besten Cartoons. 2006.
Die letzten Dinge in 77 Stücken. 2008.
Der Frosch und das Mädchen. Ein kurzer Roman über die längste Geschichte der Welt. 2000.
Steinhauers Fuß. Ein Märchen. 2001.
Mein 1. Glas Bier. 1998.
Prinz Hamlet. 2005.
Die Schöpfung. 2002.
Wahrscheinlich guckt wieder kein Schwein. 2012.
Venedig. Das Skizzenbuch. 2011.
Vollmond. 2005.
Waechter. 2002.
• Kinderbücher:
Der Anti-Struwwelpeter. 2009.
Da bin ich. 1997.
Die Geschichte vom albernen Hans. 2000.
Der Kleine im Glaspott. 1999.
Opa Hucke's Mitmach-Kabinett. 2010.
Wir können noch viel zusammen machen. 2006.
Der rote Wolf. 1998.

Waechter, F.K. & Bernd Eilert
Die Kronenklauer. 2008.

Walker, Martin
Schatten an der Wand. Roman. 2012.
• Die Fälle für Bruno, Chef de police:
Bruno, Chef de police. Erster Fall. Roman. 2012.
Grand Cru. Zweiter Fall. Roman. 2011.
Schwarze Diamanten. Dritter Fall. Roman. 2012.
Delikatessen. Vierter Fall. Roman. 2012.

Wallace, Lewis
Ben Hur. Eine Erzählung aus der Zeit Christi. 1985.

Walser, Robert
Maler, Poet und Dame. Aufsätze über Kunst und Künstler. 1981.
Der Spaziergang. Ausgewählte Geschichten. 1973.
• Außerdem liegt vor:
Robert Walser. Eine literarische Biographie in Texten und Bildern von Jürg Amann. 2006.

Weck, Laura de
Lieblingsmenschen. Ein Stück. 2007.
SumSum. Ein Stück. 2008.

Wells, Benedict
Fast genial. Roman. 2012.
Becks letzter Sommer. Roman. 2009.
Spinner. Roman. 2010.

Wells, H.G.
Die Geschichte unserer Welt. 1975.
Krieg der Welten. Roman. 2005.
Meistererzählungen. 1996.

West, Nathanael
Schreiben Sie Miss Lonelyhearts. Roman. 1972.
Tag der Heuschrecke. Ein Hollywood-Roman. 1972.

White, E.B. & Garth Williams
Klein Stuart. Die Geschichte einer ungewöhnlichen Familie. 2000.
Wilbur und Charlotte. 2007.

Whitman, Walt
Grashalme. 1985.

Widmer, Urs
Das Buch des Vaters. Roman. 2005.
Das Geld, die Arbeit, die Angst, das Glück. 2004.
Der Geliebte der Mutter. Roman. 2012.
Herr Adamson. Roman. 2010.
Im Kongo. Roman. 1998.
Der Kongreß der Paläolepidopterologen. Roman. 1991.

Ein Leben als Zwerg. 2008.
Liebesbrief für Mary. Erzählung. 1995.
Liebesnacht. Erzählung. 1984.
Das Paradies des Vergessens. Erzählung. 1992.
Die sechste Puppe im Bauch der fünften Puppe im Bauch der vierten und andere Überlegungen zur Literatur. 1995.
Schweizer Geschichten. 1977.
Shakespeares Königsdramen. 2008.
Der blaue Siphon. Erzählung. 1994.
Stille Post. Kleine Prosa. 2011.
Vom Fenster meines Hauses aus. Prosa. 1981.
Vom Leben, vom Tod und vom Übrigen auch dies und das. Frankfurter Poetikvorlesungen. 2007.
Vor uns die Sintflut. Geschichten. 2000.
• Außerdem liegen vor: *Die schönsten Geschichten aus Tausendundeiner Nacht.* 2008.
Das Schreiben ist das Ziel, nicht das Buch. Urs Widmer zum 70. Geburtstag. 2008.

Widmer, Urs & Valentin Lustig
Valentin Lustigs Pilgerreise. 2008.

Wilde, Oscar
Das Bildnis des Dorian Gray. Roman. 1986.
De profundis. Epistola: in carcere et vinculis sowie Die Ballade vom Zuchthaus zu Reading. 1987.
Denken mit Oscar Wilde. 2009.
Sämtliche Erzählungen (vorm.: *Die Sphinx ohne Geheimnis)* sowie 35 philosophische Leitsätze zum Gebrauch für die Jugend. 1982.
Der Sozialismus und die Seele des Menschen. Ein Essay. 1971.

Winter, Leon de
Der Himmel von Hollywood. Roman. 2000.
Hoffmans Hunger. Roman. 1995.
Leo Kaplan. Roman. 2002.
Malibu. Roman. 2004.
Place de la Bastille. Roman. 2008.
Das Recht auf Rückkehr. Roman. 2010.
Serenade. Roman. 1997.
SuperTex. Roman. 1996.
Sokolows Universum. Roman. 2001.
Zionoco. Roman. 1998.

Woolrich, Cornell
Das Fenster zum Hof und vier weitere Kriminalstories. 1989.

Yoshimoto, Banana
Amrita. Roman. 2002.
Dornröschenschlaf. Drei Erzählungen von der Nacht. 2001.
Federkleid. Roman. 2009.
Hard-boiled. Hard Luck. Zwei Erzählungen. 2005.
Kitchen. 1994.
Mein Körper weiß alles. Dreizehn Geschichten. 2011.
N.P. Roman. 1995.
Ihre Nacht. Roman. 2012.
Sly. Roman. 2004.
Tsugumi. Roman. 1997.

Zen
Worte großer Meister. 2010.

Zimnik, Reiner
Bills Ballonfahrt. 1972.
Das große Reiner Zimnik Geschichtenbuch. 1990.

Zweig, Stefan
Brief einer Unbekannten und andere Meistererzählungen. 2013.
Schachnovelle. 2013.
Sternstunden der Menschheit. 14 historische Miniaturen. 2013.
Ungeduld des Herzens. Roman. 2013.

Diese Bibliographie vereint sämtliche im Diogenes Verlag lieferbaren Titel.
Stand: Juli 2012. Aktuelle Informationen auf www.diogenes.ch

Inhalt

Bitte beachten Sie auch die folgenden Seiten

Bücher zur Diogenes Verlagsgeschichte

Diogenes
Eine illustrierte Verlagsgeschichte

50 Jahre Diogenes Verlag 1952–2002, mit Bibliographie
Aufgezeichnet von Daniel Kampa

Vom ersten Buch und dem Verlag, der in einer Pappschachtel unter dem Bett eines möblierten Untermietzimmers Platz hatte, bis zum »größten rein belletristischen Verlag Europas« (*Le Monde,* Paris): eine Verlagsgeschichte in Bildern und Büchern. Mit über 250 Fotos und einer Gesamtbibliographie aller erschienenen Diogenes Bücher. »Aufschlussreich und unterhaltsam. Prächtig und wohlfeil« *(NZZ am Sonntag, Zürich).*

Dies & Das zu Diogenes

Eine Art Festschrift
zum 60. Verlagsjubiläum
Herausgegeben von Daniel Kampa

Fast eine Festschrift: Reminiszenzen und lobende Worte aus 60 Verlagsjahren von Autoren wie Paul Flora, Urs Widmer, Ingrid Noll, Martin Suter, Patrick Süskind, aber auch von Verlegerkollegen wie Siegfried Unseld, Michael Krüger, Robert Callasso und anderen Freunden des Hauses. Und außerdem Essays über das, was dem Verlag am wichtigsten ist: das Erzählen.

Lustig ist das Verlegerleben

Briefe von und an Daniel Keel
Herausgegeben von Nicola Steiner und Daniel Kampa

»Bücher sind nur dickere Briefe an Freunde« – dieser Satz von Jean Paul prangt seit Jahren auf dem Briefpapier von Daniel Keel, als ob er sich im Voraus für eine spärliche Korrespondenz entschuldigen wollte. Aber der Diogenes Verleger kam nicht umhin, sein Briefpapier trotzdem zu benutzen. Davon zeugen in den Archiven Tausende von Briefen, die viele Meter

Regalfläche einnehmen. Allein die Briefwechsel mit Tomi Ungerer oder Maurice Sendak füllen mehrere Ordner. Was Georges Simenon nicht davon abhielt, sich in einem Brief zu beklagen, Daniel Keel sei von seinen vielen Verlegern derjenige, von dem er am wenigsten Briefe besitze. Aus diesem Schatz von Briefen wurden nun zum 80. Geburtstag von Daniel Keel 136 Briefe ausgewählt – von Hermann Hesse, Loriot, Paul Flora, Alfred Andersch, Federico Fellini und Friedrich Dürrenmatt bis Patricia Highsmith, Bernhard Schlink oder Patrick Süskind. Eine Briefesammlung, die spannend zu lesen ist und dabei eine sehr persönliche Verlagsgeschichte erzählt, einen eigenwilligen Einblick in den Verlegerberuf gewährt und zugleich auch ein Charakterbild von Daniel Keel skizziert.

»Ein Briefband, der eine vergnügliche Lektüre garantiert. Daniel Keel, welcher den Verlag als ein Schlachtfeld bezeichnet, aber gleichwohl weitermachen will, gibt sich als Idealist zu erkennen, als liebevoller Freund, als neugieriger Mensch aus Passion und als eine der großen Verlegerpersönlichkeiten.« *(Neue Zürcher Zeitung)*

Zwei Freunde, ein Verlag

Herausgegeben von Daniel Kampa
und Winfried Stephan

Eine Festschrift zum 80. Geburtstag von Daniel Keel und Rudolf C. Bettschart, ohne deren Freundschaft es den Diogenes Verlag heute nicht geben würde. Eine Anthologie mit Texten aus der Weltliteratur, die die Freundschaft feiern.

Diogenes Autoren Album

Herausgegeben von Daniel Kampa,
Armin C. Kälin und Cornelia Künne
Aktualisierte und überarbeitete Neuausgabe

Ein Handbuch für alle Leserinnen und Leser: 250 Diogenes Autoren mit Porträt, Kurzbiographie und Bibliographie. »Ein Band zum Blättern, zum Sich-überraschen-lassen, zum Schmökern und Kennenlernen« *(Radio Brandenburg)*, »glänzend geschrieben« *(Marion Gräfin Dönhoff)*.

Diogenes Bücher Album

Herausgegeben von Cornelia Künne und Julia Stüssi

Angefangen hat alles mit Zeichnungen von Ronald Searle, die niemand außer Daniel Keel veröffentlichen wollte. Also machte er daraus ein Buch und damit seinen Diogenes Verlag auf. Und dann kamen sie alle, fast alle: Gott mit seiner Bibel, Homer mit seiner Odyssee, Montaigne mit seinen Essais, Balzac mit seiner menschlichen Komödie, Gogol mit Mantel und Nase, Melville mit Wal, Čechov mit seinen drei Schwestern, Joseph Roth mit Hiob, Fitzgerald mit Gatsby, Simenon mit Maigret, Dürrenmatt mit einer alten Dame und einigen Physikern, Widmer mit Mutter, Vater und Zwerg, Donna Leon mit Brunetti und zahllose Kriminalschriftsteller in zwielichtiger Begleitung. Die Antiken, die Klassiker, die Stürmer, die Dränger, die Romantiker, ja sogar die Avantgarde: Dieses Album erzählt von ihren Büchern und damit eine Geschichte des Diogenes Verlags.

Leben des Diogenes von Sinope

erzählt von Diogenes Laertios

Herausgegeben, übersetzt und mit einem Vorwort von Kurt Steinmann

Zwei Szenen aus dem Leben des Diogenes kennt fast jeder: Am helllichten Tage sucht er mit der Lampe in der Hand nach einem wahren Menschen, und er sagt zu Alexander dem Großen, der ihm einen Wunsch erfüllen will: »Geh mir aus der Sonne!« Doch wer war Diogenes von Sinope, der dem Diogenes Verlag seinen Namen gegeben hat, wirklich?

Weil noch das Lämpchen glüht

Von Ronald Searle

Mit einem Vorwort von Friedrich Dürrenmatt

Die Faksimile-Ausgabe des ersten Diogenes Buchs aus dem Jahr 1952 zum 60. Verlagsjubiläum, ergänzt um ein Nachwort von Daniel Kampa.